AF359299

A grant danse macabre des hómes & des fémes hystoriee & augmétee de beaulx ditz en latin,

Le debat du corps et de lame
La complaincte de lame damnee.
Exhortation de bien viure et bien mourir
La vie du mauuais antechrist.
Les quinze signes.
Le iugement.

¶ Imprime a Troyes par Nicolas le rouge demourant en la grát rue a lenseigne Sainct iehan leuangeliste Aupresla belle croix.

Lacteur.

¶O creature raisonnable
Qui desire vie eternelle
Tu as cy doctrine notable
Pour bien finer vie mortelle
La danse macabre sappelle
Qui chascun a denser aprent
A homme & femme est naturelle
Mort nespargne petit ne grant.

En ce mirouer chascun peult lire
Qui luy conuient ainsi danser
Saige est celluy qui bien se mire
La mort le vif fait auancer
Tu vois le plus grans commencer
Car il nest nul que mort ne fiere
Cest piteuse chose y penser
Tout est forge dune matiere.

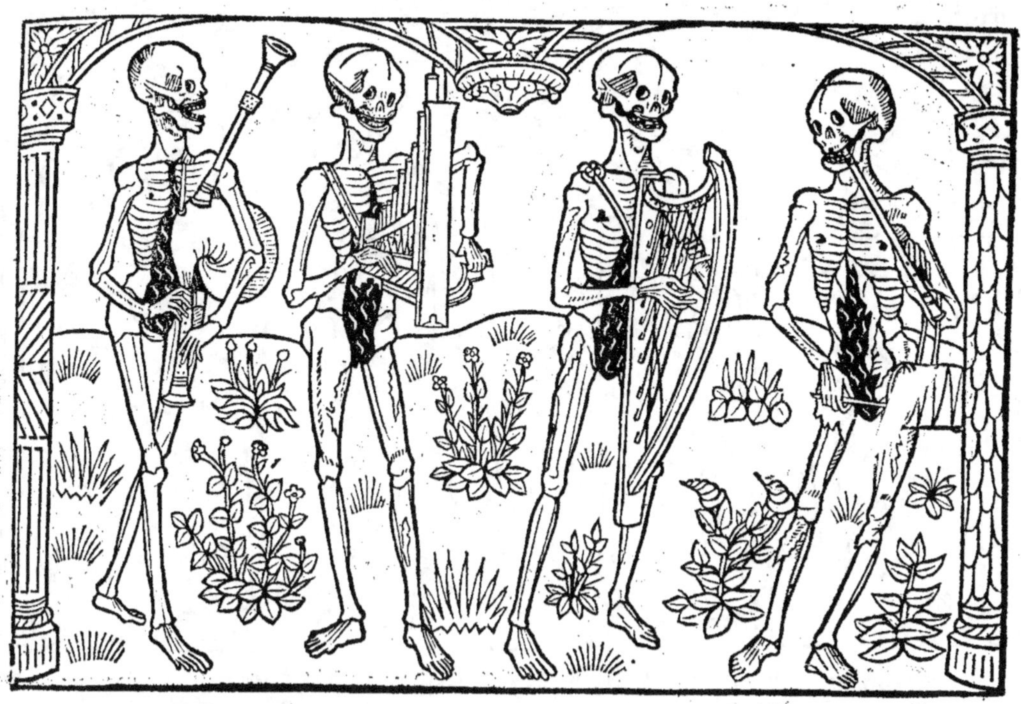

Omnia cefar erat z glozia cefaris effe definit / z tumulus bir era octo pedum.

Le pzemier mozt.	**Le tiers mozt.**
Vous qui par diuine fentence	Entendez ce que ie bous ditz
Qui biuez en eftatz diuers	Jeunes z bieulr petis z grans
Tous denferez en cefte danfe	De iour en iour felon les ditz
Une fois z bons z peruers	Des faiges bous allez mourans
Et fi ferons mengez de bers	Car boz cueurs bont diminuant
Doz cozps / helas regardez nous	Pourquoy tous ferez trefpaffez
Mozs / pozris / puans defcouuers	Ceulr qui biuent deuant cent ans
Comme fommes telz feres bous.	Las cent ãns feront tous paffez
Le fecond mozt	**Le quart mozt.**
Dictes nous par quelles raifons	Deuant quil foyent cent ans paffez
Dous ne penfez point a mourir	Tous les biuans comme ie dis
Quant la mozt ba en boz maifon	De ce monde feront paffez
Huy lung / demain laultre querir	En enfer ou en paradis
Sans quon bous puiffe fecourir	Mon compaignon / mais ie te ditz
Ceft mal befcu de ny penfer	Peu de gens font qui ayent cure
Et trop grant dangier de perir	Des trefpaffez ne de noz ditz
Fozce eft quil faille ainfi denfer	Le fait deulr gift en auanture

Quid sublime gen? qd opes qd gloria pstat. Que mihi tūc aderāt hec me nūc abeūt.

Lamort.

Vous qui biuez certainement
Quoy quil tarde ainsi danserez
Mais quant/dieu le scet seulement
Aduisez comme vous ferez
Dam pape vous commencerez
Comme le plus digne seigneur
En ce point honore serez
Au grant maistre est deu lhonneur.

Le pape.

Ha fault il que la danse maine
Le premier qui suis dieu en terre
Jay eu dignite souueraine
En leglise comme sainct pierre
Et cõme aultre mort me vient querre
Encore mourir ne cuidasse
Mais la mort a tous maine guerre
Peu vault honneur qui si tost passe.

Lemort.

Et vous le nompareil du monde
Prince et seigneur grant emperiere
Laisser fault la pomme doz ronde
Armes/sceptre/timbre/banniere
Je ne vous lairay pas derriere
Vous ne pouez plus signourir
Je emmaine tout cest ma maniere
Les filz dadam fault tout mourir.

Lempereur.

Je ne scay deuant qui iappelle
De la mort quainsi me demaine
Armer me fault pic et pelle
Et dung linseul/ce mest grant peine
Sur tout ay eu grandeur mondaine
Et mourir me fault pour tout gaige
Quesse de ce mortel demaine
Les grans ne lont pas dauantaige

Oĩp dura premit miseros conditio vite. Nec mozs humano subiacet arbitrio.

¶Lamozt.

¶Uous faictes lesbahy se semble
Cardinal sus liegerement
Suyuons les aultres tous ensemble
Rien ny vault esbahissement
Uous auez vescu haultement
Et en honneur a grans deuis
Pzenez en gre lesbatement
En grant honneur se pert aduis·

¶Le cardinal.

¶Iay bien cause de mesbahyz
Quant ie me voy de si pzes pzis
Plus nesbestiray vert ne gris
Chappeau rouge/ cappe de pzis
Me fault laisser a grant destresse
Ie ne lauoye pas apzis
Toute ioye fine en tristesse

¶Le mozt.

Uenez noble roy couroune
Renomme de force + pzouesse
Iadis fustes enuironne
De grans pompe/ de grans noblesse
Mais maintenant toute haultesse
Laisserez/ vous nestes pas seul
Peu aurez de vostre richesse
Le plus riche na quung linseul.

¶Le roy.

¶Ie nay pas apzins a danser
A danse + note si sauluaige
Que vault ozgueil/ force lignaige
Mozt destruict tout cest son vsaige
Aussi tost le grant que le mendze
Qui moins se pzise plus est saige
En la fin fault deuenir cendze

a iij

Es probus / expira probitas / honestas honestas. Si fueris fortia morte cadunt.

¶ La mort.

¶ Legat vous estes arreste
Dehors nyrez ie bous affie
Tenez vous seur ꝛ appreste
Pour mourir ie bous certifie
Que mort au iourdhuy bous deffie
Entendez y cest bostre fait
En bie longue nul ne se fie.
Le bouloir de dieu sera fait.

¶ Le legat.

¶ Du pape iauoye la puissance
Se ne fust cest empaichement
Daller comme legat en france
Mais faire me fault aultrement
Car mourir boy quant ou comment
Ne en quel lieu ie ne scay pas
Dieu est qui le scet seulement
Mort suyt lhomme pas apres pas

¶ La mort.

¶ Tresnoble duc renom auez
Dauoir fait par bostre prouesse
Par tout ou bous estes trouuez
Beaulx faitz darmes et de noblesse
Monstrez cy bostre hardiesse
Et dansez pour gaigner le pris
Les humains mort de chasser ne cesse
Les grans souuent sont premiers pris.

¶ Le duc.

¶ De mort suis assailly tresfort
Et ne scay tour pour me deffandre
Ie boy que la mort le plus fort
Comme le foible tend a prendre
Que doys ie faire il fault lattendre
Paciemment et de bon cueur
A dieu de ses biens grace rendre
Hault estat nest pas le plus seur

Vado mori in cinerem tandem redditurus
Ordine quo cepi desino vado mori.

Dodo mori sectas alios sectandus & ipsi
Ultimus aut primus non ero: vado mor[i]

Iam nihil est totum quod viximus: oia mecum
Clamor.

Patriarche pour basse chiere
Vous ne pouez estre quitte
Vostre double croix quauez chiere
Ung aultre aura cest equite
Ne pensez plus a dignite
Ia ne serez pape de romme
Pour rendre compte estes cite
Folle esperance decoit lhomme

Le patriarche.

Bien appercoy que grant honneur
Ma deceu pour dire le voir
Mes ioyes a tourne en douleur
Et que vault tant dhonneur auoir
Trop hault monter nest pas scauoir
Haultz estatz trompent gens sans nombre
Mais peu le vuellent parceuoir
A hault monter le faitz encombre

Tempus preteriens hora suprema trahit.
Lamort.

Cest de mon droit que ie vous maine
A la dance gent connetable
Les plus fors comme charlemaigne
Mort prent cest chose veritable
Rien ny vault chiere espouantable
Ne fortes armees en cest assault
Dung coup iabas le plus estable
Rien nest darmes quant mort assault

Le connestable.

Iauoye encore intention
Daffaillir chastaulx / forteresses
Et mener a subiection
En acquerant honneur / richesses
Mais ie voy que toute prouesse
Mort met au bas cest grant despit
Tout luy est vng doulceur rudesse
Contre la mort na nul repit.

Uado mori presul baculum sendulia mittram
Nolens sine volens desero mori.

Uado mori miles belli certamine victor
Mortem non didici vincere: vado mori.

Decurrût aio pereundi mille figure.

¶ La mort.

¶ Que vous tirez la teste arriere
Archeuesque tirez vous pres
Auez vous paour quon ne vous fiere
Ne doubtez vous viendrez apres
Nest pas tousiours la mort empres
Tout homme suyuant coste a coste
Rendre conuient debtes & pretz
Vne fois fault compte a lhoste

¶ Lar cheuesque

¶ Las ie ne scay ou regarder
Tant suis par mort a grant destroit
On fuiray ie pour moy ayder
Certes qui bien la congnoistroit
Hors de raison iamais nistroit
Plus ne gerray en chambre paincte
Mourir me conuient cest le droit
Quant faire fault cest grant côtraincte.

Morsĉ minus pene q̃ mora mortis habet

¶ La mort.

¶ Uous qui hantez les grans barons
Auez eu renom cheualier
Oubliez trompettes / clarons
Et me suy ues sans sommeiller
Les dames souliez reueiller
En faisant lôgue piece
A aultre danse fault veiller
Ce que lung fait lautre despiece.

¶ Le cheualier.

¶ Or ay ie este auctorite
En plusieurs faitz & bien fame
Des grans, & des petis prise
Auec ce des dames ayme
Ne oncques ne fus diffam
A la court de seigneur notable
Mais a ce coup suis tout pasme
Dessoubz le ciel na riens estable

Homonatus de muliere bze.bi.tpe repleti mul.mife.qui quafi flos egreditur ɀ conte.

¶La mozt.

¶Tantoft naurez baillant bng pic
Des biens du monde ɀ de nature
Euefque de bous il eft pic
Nonobftant boftre pzelature
Boftre fait gift en auanture
De bous fubiectz fault rendze compte
A chafcum dieu fera dzoicture
Neft pas affeur qui trop hault monte.

¶leuefque.

¶Le cueur ne me peult efiouyz
Des nouuelles que mozt ma pozte
Dieu boudza de tout compte ouyz
Ceft ce que plus me defconfozte
Le monde auffi peu me confozte
Qui tout a la fin defherite/
Il retient tout/ nul rien nempozte
Tout fe paffe fozt le merite

¶La mozt.

Auancez bous gent efcuyer
Qui fcauez de danfer les tours
Lance poztlez ɀ efcu chier
Au iourdhuy finerez boz iours
Il neft rien que ne pzeigne cours
Danfez / ɀ penfez de fuyz
Dous ne pouez auoir fecours
Il neft nul qui mozt puift fuyz.

¶lefcuyer.

¶Puis que mozt me tient en fes lacz
Aumoins que ie puiffe bng mot dire
Adieu defduyt/ adieu foulas
Adieu dames / plus ne puis rire
Penfez de lame qui defire
Repos / ne bous chaille plus tant
Du cozps qui tout les iours empire
Tout fault mourir on ne fcet quant.

b

Mozs tua /mozs xpi /fraus munde /glozia celi /z doloz inferni ſint memozēda tibi.

¶Le mozt.

¶Abbe venez toſt /vous fuyez
Nayez ia la chiere esbahye
Il conuient que la mozt ſuyuez
Combien qui moult lauez haye
Commandez a dieu labbaye
Qui gros z gras a nourry
Toſt pourriez a peu de aye
Le plus gras eſt pzemier pourry

¶Labbe.

¶De cecy neuſſe point de nuye
Mais il conuient le pas paſſer
Las oz nay ie pas en ma vie
Garde mon ozdze ſans ceſſer
Gardez vous de trop embzaſſer
Vous qui viuez au demeurant
Se vous voulez bien treſpaſſer
On ſauiſe tard en mourant.

¶Le mozt.

¶Baillif qui ſcauez queſt iuſtice
Et hault z bas en maintes guiſe
Pour gouuener toute police
Venez toſt a ceſte aſſiſe
Je vous adiourne de main miſe
Pour rendze compte de voz faitz
Au grant iuge qui tout pziſe
Ung chaſcun poztera ſon faitz

¶Le baillif.

He dieu vecy dure iournee
De ce coup pas ne me gardoze
Oz eſt la chanſe bien tournee
Entre iuges honneur auoye
Et mozt fait raualer ma ioye
Qui me adiourne ſans appel
Je ny voys plus ne tour ne voye
Contre la mozt na point dappel

Mozs facit exosum res aufert atꝗ coloze. Uermib⁹ exponit fedētia cozpoza reddit.

⁋ Le mozt.

⁋ Maistre pouz bostre regarder
En hault ne pour bostre clergie
Ne pouez la mozt retarder
Cy ne bault rien astrologie
Tout la genealogie
Dadam qui fut le pzemier homme
Mozt pzent se dit theologie
Tous faut mourir pour bne pomme

⁋ Lastrologien.

⁋ Pour science ne pour degrez
Ne puis anoir pzouision
Car maintenant tous mes degrez
Sont mourir a confusion
Pour finale conclusion
Je ne scay rien que plus descripue
Je pers icy toute aduision
Qui vouldza bien mourir / bien biue.

⁋ Le mozt.

⁋ Bourgeoys hástez bous sans tarder
Uous nauez anoir ne richesse
Qui bous puisse de mozt garder
Se des biens dont eustes largesses
Auez bien bsu / cest largesse
Daultruy bient tout / a aultruy passe
Fol est qui damasser se blesse
On ne scet pour qui on amasse.

⁋ Le bourgeoys.

Grant mal me fait si tost laisser
Rentes / maisons / cens / nourriture
Mais poures riches abaisser
Tu fais / moztelle est ta nature
Saige nest pas la creature
Daymer trop les biens qui demeurent
Au monde et sont siens de dzoicture
Ceulx ꝗ plus ont plus enuis meurent.

Es sapiens marcet sapientia morte redundans.   Diuittis lapsu molioze fluit.

¶Le mort.   ¶Le mort.

¶Sire chanoine prebendez   ¶Marchant regardez pardeca
Plus naures distribution   Plusieurs pays auez cherche
Ne gros ne vous y attendez   A pied/a cheual de pieca
Prenez cy consolation   Vous nen serez plus empeche
Pour tout retribution   Vecy vostre dernier marche
Mourir vous conuient sans demeure   Il conuient que par cy passez
Ia ny aurez dilation   De tout soing serez despesche
La mort vient quon ne garde lheure.   Tel couuoit equi a assez.

¶Le chanoine.   ¶Le marchant.

¶Cecy guere ne me conforte   ¶Iay este a mont z aual
Prebende suis en mainte eglise   Pour marchander ou ie pouye
Or est la mort plus que moy forte   Par lon temps a pied et a cheual
Qui tout emmaine/cest sa guise   Maintenant ie pers toute ioye
Blanc surplis/aulmuse grise   De tout mon pouoir acqueroye
Me fault laisser z a mort rendre   Or ay ie assez/mort me contraint
Que vault gloire si tost bas mise   Bon fait aller moyenne voye
A bien mourir doit chascun tendre   Qui trop embrasse peu estraint.

vado moꝛi logic⁹ diuerſa ſophimata ſiquēs   Uado moꝛi dire pauēdo picula cede
Bōcluſit lacheſis ꝗ ego vado moꝛi   Deſero nūc enſes armaꝗ:vado moꝛi.

Oia moꝛo tollit doctū cecidiſſe cathonē.   Atꝙ iꝑm ſocratem pꝛocubuiſſe ferunt.
¶Le moꝛt.
¶Hōmes pluſieurs ſont chiers tenus
Au ſiecle ꞇ en religion
Leſquelʒ touteſſoys ſont venus
De bien baſſe condition
La doctrine ꞇ coꝛrection
De vous maiſtre tel les a fait
Oꝛ mourreʒ vous concluſion
Homme par moꝛt eſt toſt deſfait
¶Le maiſtre deſcolle.
¶Grammaire eſt ſcience ſans fable
De toute aultres ouuerture
A ieuncs enfans conuenable
Car ſans elle ie vous aſſure
Que aultre ſcience nom cure
De entrer en entendement
Auſſin le veult dieu ꞇ nature
Partout il fault commencement

¶Le moꝛt.
¶Sur courſeu ne cheual de pꝛis
Homme darme ne montereʒ
Plus /puis que la moꝛt vous apꝛis
Aduiſeʒ comme vous fereʒ
Le monde tantoſt laiſſereʒ
Nattandeʒ plus courir la lance
Regardes moy /tel vous ſereʒ
Les yeulx de moꝛt ſont a oultrance
¶Lhomme darme.
¶Adieu le ſeruice du roy
Que ſouloye faire ſoir ꞇ matin
De moꝛt ſuis pꝛins en deſarroy
Sans reſpit iuſques a demain
A ceſte danſe par la main
Je ſuis mene piteuſement
Moꝛt y contrainſt tout hōme humain
Mourir fault on ne ſcet comment

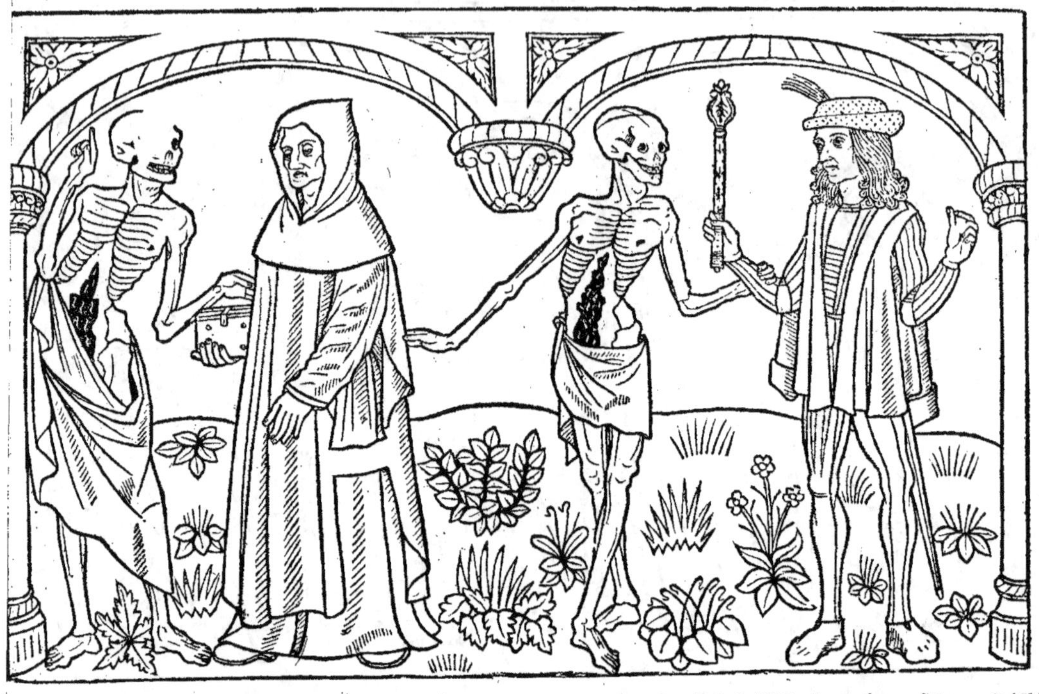

Bis duo sũt q̃ cordeten⁹ sub pectore misi

Mors mea iudiciũ baratri nox lux padisi.

Le mort.

Homme darmes plus riens ne reste
Aliez sans faire residence
Cy ne pouez faire conqueste
Vous aussi homme dabstinence
Chartreur/prenez en pacience
De plus biure nayez memoire
Faictes vous bailloir a la danse
Sur tout homme mort a bictoire.

Le chartreur.

Je suis au monde ia pieca mort
Parquoy de biure ay moins enuye
Gasoit ce que tout homme craint mort
Puis que la chair est assouuye
Plaise a dieu que lame raupe
Soit es cieulx apres mon trespas
Cest tout neant de ceste bie
Tel est huy qui demain nespas

Le mort

Sergent qui portez ceste mace
Il semble que bous rebellez
Pour neant faictes bous la grimace
Si on bous greue si appellez
Vous estes de mort appellez
Qui luy rebelle il se decoit
Les plus fors sont tost raualez
Il nest fort quasi fort ne soit.

Le sergent.

Moy qui suis royal officier
Comme mose la mort frapper
Je faisoye mon office hier
Et elle me bient huy happer
Je ne scay quelle part eschapper
Je suis prins deca & dela
Maulgre moy me laisse happer
Enuys meurt qui apring ne la

Hec tua vita breuis q̄ te delectat iniqz.

¶ Le mort.
Ha maistre par la passerez
Nayez ia besoing de vous deffandre
Plus les hommes ne espouenterez
Apres moines sans plus attandre
Ou pensez vous cy fault entendre
Tantost aurez la bouche close
Homme nest fors que vent ꞇ cendre
Vie donc est moult peu de chose.

¶ Le moyne.
Jaymasse mieulx encore estre
Au cloistre ꞇ faire mon seruice
Cest vng lieu deuot ꞇ bel estre
Or ay ie comme fol ꞇ nice
Au temps passe cōmis moint vice
Dequoy nay pas fait penitence
Souffisant/dieu me soit propice
Chascun nest pas ioyeulx qui danse

Est velut anra leuis te morz expectat vbi.

¶ Le mort.
Usurier de sans derigle
Venez tost ꞇ me regardez
Dusure estes tant eueugle
Qui dargēt gaignet tout ardez
Mais vous en serez bien larde
Car se dieu qui est merueilleux
Na pitie de vous tout perdez
A tout perdre est vngcoup pilleux

¶ Lusurier.
Me conuient il si tost mourir
Ce mest grāt peine et greuance
Et ne me pourroye secourir
Mon or mon argent ma cheuance
Je vois mourir la mort mauance
Mais il men desplaist sōme toute
Quest ce de mal acoustumance
Tel a beaulx yeulx q̄ neuoit goute

**¶ Le p[ouure]
homme.**

**¶ Usuri[er]
tant mau[uais]
peche
Comme
cun dit e[n]
compte
Et crest ho[mme]
qui appr[end]
Se sent
mort nen
compte.
Mesme
quan m[a]
compte
Encore
te me p[re]c[he]
Il deura
tour au c[...]
Nest pas
te qui do[ubte]
reste.**

O felix moꝛtale genus fi femper haberet eternũ pꝛe mête deum finêqᷓ timeret.

Le moꝛt.

Medecein a tout boftre vꝛine
Uoyez vous icy quamender
Jadis fceutes de medecine
Affez pour pouoir commander
Oꝛ vous vient la moꝛt demander
Comme aultres vous conuient mourir
Vous ny pouez contremander
Bon mire eft qui fe fcet guerir.

Le medecin.

Long temps quen lart de phifique
Jay mis toute mon eftude
Jauoye science ⁊ pꝛatique
Pour guerir mainte maladie
Je ne fcay que ie contredie
Plus ny bault herbe ne racine
Naultre remede quoy quon die
Contre la moꝛt na medecine

Le moꝛt.

Gentil amoureux gent ⁊ frique
Qui vous cuidez de grans valeur
Vous efte pꝛins/la moꝛt vous picque
Le monde lairez a douleur
Trop lauez ayme ceft foleur
Et a mourir peu regarde
Tantoft vous changerez couleur
Beaulte neft que ymage farde

Lamoureux

Helas:oꝛ ny a il fecours
Contre moꝛt/adieu amourettes
Moult toft va ieuneffe adecours
Adieu chapeaux/bouquetz/floꝛettes
Adieu amens ⁊ pucellettes
Souuiengne vous de moy fouuent
Et vous mirez fe faiges eftes
Petite pluye abat grant vent

Felix qui potuit trãquillem ducere vitã.
Et letat stabulicladere fine dies

¶Le moꝛt.

¶Aduocat sens longpꝛocesfaire
Venez voſtre cause plaider
Bien auez sceu les gens attraire
De pieca/non pas dhuy de hyer
Conseil cy ne vous peult ayder
Au grant iuge vous fault venir
Scauoir le deuez sens cuider
Bon fait iustice peruenir.

¶Lauocat.

¶Cest bien dꝛoit que raison se face
Icy ne scay mettre deffance
Contre moꝛt na respit ne grace
Nul nappelle de la santence
Jay eu de lautruy quant icy pense
De quoy ie doute eſtre repꝛis
A craindre eſt iour de vengence
Dieu rendꝛa tout a iuste pꝛys.

¶Le moꝛt.

¶Menestrier qui danses ⁊ notes
Scauez/⁊ auez beau maintien
Pour faire esiouyꝛ sotz ⁊ sotes
Quen dictes vous allons nous bien
Mõſtrer vous fault puis q̃ vous tien
Aux autres cy vng tour de danse
Le contredire ny vault riens
Maiſtre doit mouſtrer sa science.

¶Le menestrier.

¶De dauser ainsin si neusse cure
Certes tresenuy ie men mesle
Car de moꝛt nest peine plus dure
Jay mis soubz le band ma bielle
Plus ne coꝛneray saultérelle
Naultre danse/moꝛt me retient
Il me fault obeir aelle
Telle danse point ne me reuient

c

Mors properat fuga nulla patet mortale tributu Soluere/ nature lege tenetur hó

¶Lamort.

Passez cure sans long songier
Je suis questes habandonne
Le vif/le mort soulie; mengier
Mais vouz sirez aux versdonne
Vous fustes iadis ordonne
Mirouer dautruy ꝧ exemplaire
De vo; faitz seres guerdonne
A toute peine est doit salaire.

¶Le cure

¶Vueille ou non il fault que me rende
Il nest homme que mort nassaille
He de mes parossiens offrande
Nauray iamais ne funeralle
Deuant le iuge fault que ie aille
Rendre compte/las doulloureux
Or ay grant paour que ne faille
Qui dieu quitte bien est heureux

¶Lamort.

Laboureux qui en soing ꝯ peine
Auez vescu tout vostre temps
Mourir fault ceste chose certaine
Reculer ny fault ne contens
De mort deuez estre contens
Car de grant soucy vous deliure
Approuchiez vous ie vous attens
Fol qui cuide tousiours biure

¶Le laboureux

La mort ay souhayte souuent
Mais voulentiers ie la fuysse
Jaymasse mieulx fist pluye ou vent
Estre aux bignes ou ie fouysse
Encore plu s grant plaisir y prisse
Car ie pers de paour tout propos
Or nest il qui de ce pas ysse
Au monde na point de repos.

pauperis & regis cõmunis lex moriendi.
Le mort.
Prometeur venez a la court
Tantost & soyez aduise
Respondre le lóng & le court
Du cas qui bous est impose
Cest que bous estez accuse
J'auoir pas tousiours iustement
De bostre office bien vse
En mal fait gist amendement.

¶ Le prometeur
¶ Jeusse demain receu six solz
Dung homme qui est en sentence
Pour consentir quil fust absoubz
Se iusse este en iaudience
Plus ne me fault pense en ce
Mort ma supprins en son embuche
Prendre me tault en pacience
Bien charie droit qui ne trebuche

Dat causam flendi si bene scripta legis
¶ Le mort.
¶ En soucy / peine / & trauail /
Auez garde prisons geolier
Souuent on a fait reueiller
Cuidant dormir ou sommeillier
Vous nen serez plus trauailler
Venez danser sans plus de plait
Maintenant fault estre eueille
Il fault mourir quãt a dieu plaist

¶ Le geolier.
¶ Je tenoye des bons prisonniers
Des quelz ientendoye recepuoir
Pleine ma bource de deniers
Pour despance / & pour auoir
Les garde & fait mon deuoir
De les penser bien loyaument
Quant on meurt on doit dire voir
Dieu scet qui dit vray ou qui ment

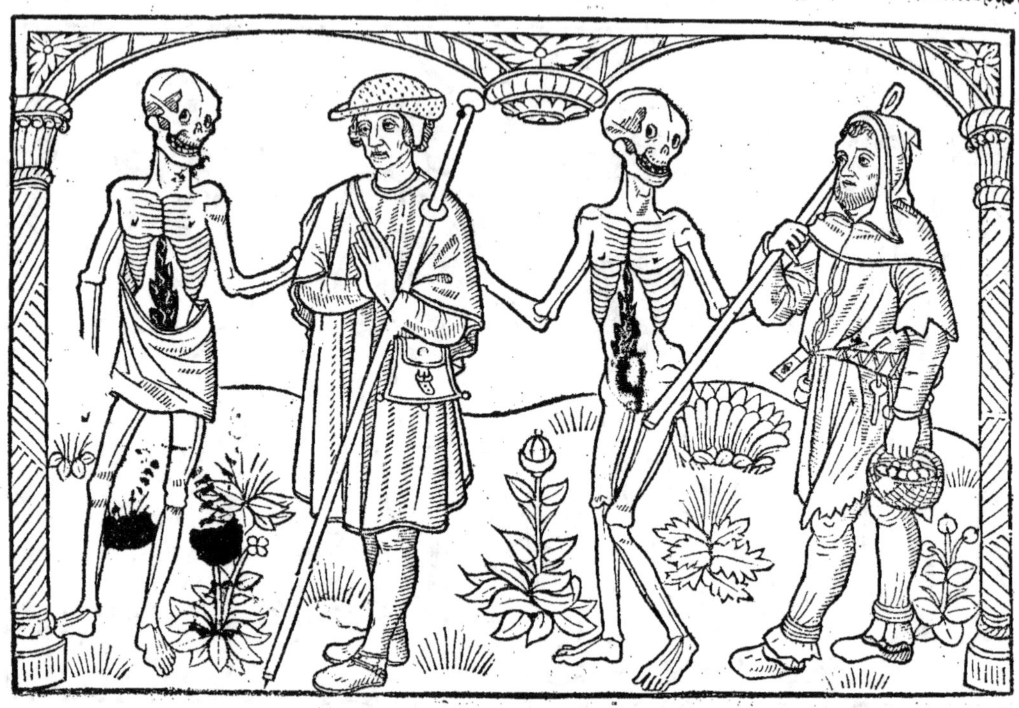

Dita q̄d eſt hois niſi res ballata ruinis,
ℭ Le moʒt.

ℭ Pelerin bous aueʒ aſſeʒ
Trote ⁊ fait pelerinage
Trauaille eſtes ⁊ laſſeʒ
Bien apert a boſtre biſaige
Ceſt cy boſtre dernier boyage
Que bon bous ſoit / faicteʒ deuoir
La fin couroune tout ōuurage
Selon louure payment auoir.
ℭ Le pelerin.

ℭ En tout temps yuer ⁊ eſte
Uoyagier eſtoit mon deſir
Oʒ ſuis ie par moʒt arreſte
Jen loue dieu quant ceſt ſon plaiſir
Et luy pʒie quil me doint loiſir
De tout mes pecheʒ confeſſer
Pour mon ame en repos geſir
Ung iour nous fauldʒa tout laiſſer

Eſt caro nrā cinis mō pʒincipiū mō finis
ℭ Le moʒt.

ℭ Bergier danſeʒ legierement
Jcy neſt pas quon doit ſongier
Doʒ bʒebis ſont certainement
Maintenant en aultruy dangier
Car vous ſereʒ pour abʒeger
Toſt paſſeʒ plus ne poueʒ biure
Leſtat de lhomme eſt toſt changier
Qui meurt de moins maulʒ eſt deliure
ℭ Le bergier.

ℭ Las oʒ demeurent en dangier
Mes bʒebis aur champs ſans paſtour
Loup affameʒ pour les mengier
A ceſt heure ſont alentour
Ou pour leur faire aulcun fault tour
Loupʒ ſont mauluais de leur nature
Son crie ilʒ fuyent / puis ſont retour
Sur tous biuant moʒt fait moʒſure

Vado mozi s; nescio quo ꝗ nescio qn̄.   Vadō mozi iuuenis qꝛ nil valet ipsa iuuēt?.
Quo mecūꝗꝫ loco vetero:vado mozi.   De nece ꝓtegere nequeo:vado mozi.

Carnis vita laboꝛ:carnis conceptio tales.
¶ Le mozt.
¶ Faictes voys vous auez tozt
Sus bergier.¶ Apꝛes coꝛdelier
Souuent auez pꝛesche de mozt
Si vous deuez moins merueillier
Ja ne sen fault esmay bailler
Il nest si fozt que mozt narreste
Si fait bon a mourir veiller
A toute heure la mozt est pꝛeste
¶ Le coꝛdelier.
¶ Quest ce que de viure en ce monde
Nul homme a seurete ny demeure
Toute vanite y habonde
Puis vient la mozt qua tous courseure
Mendicite point ne me asseure
Des meffaitꝫ fault payer la mende
En bien peu dheure dieu labeure
Sauge est le pecheur qui samande.

Menstrua putredo finis:oꝛigo
¶ Le mozt.
¶ Petit enfant na gueres ne
Au monde auras peu de plaisance
A la danse seras mene
Comme aultre/car mozt a puissance
Sur tout du iour de la naissance
Conuient chascun a mozt offrir
Fol est qui nen a congnoissance
Qui plus vit plus a/a souffrir
¶ Le petit enfant.
A/a/a/ie ne scay parler
Enfant suis/iay la langue mue
Hyer naquis/huy men fault aller
Je ne fais quentre ꝗ yssue
Rien nay meffait/mais de paour sue
Pꝛendꝛe en gre me fault cest le mieulx
Loꝛdonnance de dieu ne se mue
Aussi tost meur ieune que vieulx.

Ortus cuncta suos reperūt matrēꝗ requirūt.   Et redit ad nihilū q̃ fuit ante nihil.

¶ Le mort

¶ Sur les champs & par les vilaiges
Aultz menge maintes poulailles
Beu du vin & fait grant oultraiges
Sans payer ne denier ne maille
A tout vostre chapeau de päille
Auenturier vene auant
Uous danserez baille que baille
Autant vault dernier que deuant

¶ Lauenturier

¶ Je crains trop passer le passaige
De mort/quant bien ie y regarde
Qui ne la craint il nest pas saige
Rien ny vault ma hallebarde
Ne feroit pas vne bonbarde
Se ie me cuydoye deffendre
Chascum se tienne sur sa garde
Quant mort assault il se fault rendre.

¶ Le mort

¶ Que vous densiez nest que vsaige
Mon amy sot bien vous abuient
Autant le sot comme le sage
Tout homme danser il conuient
Lescripture si men souuient
Dit en vng pas qui bien lentend
Lamme sen va point ne reuient
Chascune chose la a fin tend.

¶ Le sot

¶ Or sont maintenant bons amys
Et dansent icy dung accord
Plusiers qui estoyent ennemys
Quant ilz biuoyent & en discord
Mais la mort les a mys dacord
Laquelle fait estre tout vng
Saiges & sotz quant dieu iaccord
Tous mortz sont dung estat comun.

Sperma pzi⁹ mõ saccus post vermib⁹ esca

⊂Le mozt

⊂Cuidez vous de mozt eschapper
Clerc esperdu pour reculer
Il ne sen fault ia effriter
Tel cuide souuent hault aller
Quon voit acoup tost raualer
Pzenez en gre / allons en semble
Car rien ny vault le rebeller
Dieu pugnit tout quant bon luy semble

⊂Le clerc.

⊂Fault il quung ieune clerc seruient
Qui en seruice pzent plaisir
Pour cuyder venir en aduent
Meure si tost / cest desplaisir
Ie suis quitte de plus choisir
Aultre estat / il fault quainsi danse
La mozt ma pzins a son plaisir
Moult demeure de ce que fol pense

In tumulo pqua dote supbit hõ.

⊂Le mozt.

⊂Hermite point ne fault faire refus
De danser faictes vous valoir
Vous nestes pas seul / leuez sus
Pourtant moins vous en doibt chaloit
Venez apzes cest mon vouloir
Homme nourry en hermitaige
Ia ne vous en conuient vouloir
Vie nest pas seur heritage.

⊂Lhermite.

⊂Pour vie dure ou / solitaire
Mozt ne donne de biure espace
Chascun le voit si sen fault taire
Ie requiers dieu quung don me faet
Cest que tous mes pechez efface
Bien suis content de tous ses biens
Desquel, iay vse de sa grace
Qui na souffisance il na riens.

¶ Dictz des trespassez.

¶ Venimeux es toy q̃ porte la corne
Tous escornant de ton escorne cor.
Au contraire dune grande licorne
Rendant le lieu plus intoxique enco
Encor cornes cornemēt dung grāt cor
Donc les cornars sent bōt a la corne
Tous escornez nayās en leur corps cor
Auec toute cornardise escornee
Celle sera bien de corne cornee
Dont luy fauldra sa grant cornette
Quau monde nest pas encornee
Et escoutāt le hault son du cornette
Netz departir aussi net de corps nette
Dont vostre ame se sera encornee
Du grant cornu q̃ sans cesse cornette
Auecques toute cornardise escornee
Escorne sera chascun du cornement
De si terrible cornation
Fort cornante et se le cornement
Eschappee nest encores nation
La nation nest qui de ces cornetz
Ainsi cornans en peult estre exempte
Car la serez enfectz ou des cors netz
Auecques toutes cornardise escornee
Encore nest nul exempt du cornu
Ne de celle tresgrande cornardise
Et quant chascun sera la du cornu
Garde nauez que vne cornarderie
Cornarderie naura quelque cornarde
Ne escorne cornant a la iournee
Dōc prions a dieu q̃ nous garde
Auecques toute cornardise escornee
O saint michel garde nous du cornāt
Du corps cornu/car se le cor ne rompt
Cornupe tant nous viēdra escornāt
Quāt les âges de leurs corps cornerōt
Le corps ne rōpt iamais au biē cornez
Aux oreilles cornans nuyt z vespres
Pour no⁹ rēdre nous corps biē escornez
Auecques toute cornardise escornee.

Rondeau.

Tous z toutes mourir il nous cōuient

Foibles fors icy le pouez lire
David le dit en son psalmiste z lyre
Souuenteffois acoup ainsin quonbient
Juste raison a cela bien conuient
Tout z toutes mourir nous conuient
Que en craignant de lacth tant lire
De lachesis z de cloto iempire
Rōpt dōt monrot z tout cela aduient
Souuenteffois acop ainsin quon bient
Du doulx titan ce beau liure contient
De vielesse que lon ne peult desdire
Que nous auec noz choses sans redire
Non sachāt quant z tout ainsi quō biēt
Tous z toutes mourir il nous conuient

Dies mei sicut
vmbꝛa declina
uerunt et ego
sicut fenum a=
rui. Tu autem
dñe ineternum
permanes.

Esto memoꝛ
puluis eris et
vermibus. In
gelida putris
qñ iacebis hu=
mo. Nō erit in
mundo qui te
belit vltra vi /
dere. Cum tua
rācido sit cane
rupia caro.

❡ Le roy moꝛt.

❡ Vous qui en estes pourtraicture
Venez danser estatz diuers
Pensez que humaine nature
Se nest foꝛs que biande a vers
Je le monstre qui gis enuers
Moy qui estoye roy couronne
Telz serez vous / bons ou peruers
Tous estatz sont aux vers donne.

❡ Lacteur.

❡ Rien nest dhomme qui bien y pense
Cest tout vent / chose transitoire
Chascun le voit par ceste danse
Pource vous qui veyez lhistoire
Retenez la bien en memoire
Car homme et femme elle admonneste
Dauoir de paradis la gloire
Cureux est qui es cieulx fait feste.

❡ Le roy moꝛt.

❡ Bon y fait penser soir ᵹ matin
Le penser en est pꝛoufitable
Tel est huy qui moura demain
Car il nest rien plus veritable
Que de mourir ne moins estable
Que vie dhomme on lappercoit
A loeil pourquoy ce nest pas fab[le]
Le fol ne croit tant quil recoit

❡ Lacteur.

Mais aulcuns sont a qui nenchault
Comme si ne fust paradis
Ne enfert / helas ilz auront chault
Les liures que firent iadis
Les sainctz le monstrent en beaulx ditz
Acquitez vous qui cy passes
Et faictes des biens plus nen dis
Bien fait vault moult aux trespassez.

D

℃Homo cū i honoꝛe eſſet nō intel.
℃Pecheur regarde ta figure
En celle moꝛt deffigure
Noble ꝛ belle fut ta figure
Quant fus pꝛemierement cree
Mais par tes pechez eſt tourne
A mal/tu le voit de tes yeulx
Moꝛt/cheual/enfer gueulle bee
Signifie pecheurs malheureux.
℃Aia que peccauerit ipſa moꝛiet.
℃Tu es la moꝛt et le cheual
Pecheur veulx tu que ie te dye
Comme ſoye moꝛt/car par ton mal
Celluy qui te donnoit la vie
De toy ꝛ de ta compaignie
Uilainement tu las mis hoꝛs
Sans laquelle heure ne demye
Aulcun na vie/donc es tu moꝛtz.

℃Cōparatꝰ eſt iumētis incipiētibus.
℃De ſon honneur deſampare
Eſt poure pecheur miſerable
Quant eſt a cheual compare
Et aux beſtes mues dis ſemblable
Et qui pis eſt iument au dyable
Subiect a faire ſa voulente
Pour peine perdurable
Douleur/peine/ꝛ pourete.
℃Ite maledicti in ignem eternum
℃Penſe tu point que grant repꝛouche
Les poures pecheurs auront loꝛs
Quant dieu leur dira de ſa bouche
Maulditz allez vous en dehoꝛs
Dauec moy/voz ames ꝛ coꝛps
Je condemne eternellement
Auec les diables vilz ꝛ oꝛs
En enfer a ſouffri tourment

¶ Cry de mort.

Tost / tost / tost / que chascun sauance
Main a main venir a la danse
De mort / danser la conuient
Tous et a plusieurs nen souuient
Que quant sera force y venir
Bien tard sera den souuenir
Uenez hommes / femmes / enfans
Jeunes / & vieulx petis & grans
Venez les foibles / & les fors
De bien y danser faire effors
Ung tout seul nen eschaperoit
Pour mille escuz si les donnoit
Et pourtant ce commandement

Faisi vous tous que briefuement
Sans grant delay ne long seiour
Que chascun se trouue a son iour
Pour la danser quant & le lieu
Il sera le vouloir de dieu
Pense bien chascun a son fait
Le congnoisse pour y penser
Deuant que deuenir;danser
Et querre a dieu misericorde
Laquelle luy donner sacorde
Moyennant braye repantance
De tous pechez / & sans doubtance
Si ne faictes ce que ie dis
Ja vous naurez son paradis
Estes vous si oultrecuydez
Que viure sans mourir cuydez
Nenny / & chier vendu sera
Qui ainsi viure cuydera
Les ancestres de deuant vous
Au monde ne sont ilz point tous
Dansez / si ont / ainsi ferez
Uous / & comme eulx la danserez
Et ceulx qui apres vous viendront
Pareillement la danseront
Et nen voulez ouyr parler
Ce nest pas pour trop bien aller
Quant parler nen voulez ouyr
Et si ne la pouez fuyr
De quelque estat qui ne vous faille
La danser tous comme quil aille
Sans scauoir quant / ou soir ou main
Sera / au iourdhuy ou de main
Escoute pouure creature
Ceste danse est daultre nature
Que les aultres danses ne sont
Aulquelles nulles gens ne vont
Qui voulente non dy danser
Et sen peuent bien excuser
Mais de ceste conclusion
Nul nya excusation
Que lung & lautre ne conuiengne
La danser / or vous en souuiengne.

❡Lhermite.

❡Ouure les yeulx creature chetiue
Uiens veoir les faitz de mozt excelliue
De qui iay eu ce lieu viffon
Penfee neft fi trefcontemplatiue
Qui dauoit veu en vne heure haftiue
Ong tel regard neuft admiration
De troys cozps mozs meft laparition
Uenue cy auec leurs fuaires
Pareillement leurs terribles viraiges
Deffigures z leurs cozps defcouuers
Les trous des yeulx z du nez ouuers
Les os to?fec/iavès/bzas/piedz z mais
Tous mengiez z pertuyfez de vers
Ceft le tribu q mozt doit aux humains
Terrible mozt fur tous aftiltzes terrible
On te doit bien par tes oeuures hozrible
Dire z clamer puis que par ta mozfure
Et par affaulx foudains imperceptibles
Par coups moztel diuers irremiffibles

❡Telle tu faitz humaine creature
De tes euures ay fait la pourtraiture
Tant diuerfe/tant cruelle z hydeufe
Deffiguree/hozrible/merueilleufe
Deuât mes yeulx en ce poure hermitage
Qui me trouble tellement le courage
Que pl?ne peu de telle oeuure côgnoiftre
Bien doit penfer a la mozt qui eft faige
Car en la fin il nous conuient tel eftre
Oz ne fcet on fi fes troys aultreffoys
Ont efte duc/barôs/côtes/ou roys
Papes/abbe/cardinaulx ou chanoines
Ne qui eftoit le plus noble des troys
Silz ont efte boffus hommes ou dzoitz
Silz ont eftez pzeuoft ou capitaines
Fozs qlz ont eu to? trois face humaines
Qui ont efte en la terre emmurees
La ou les vers les ont deffigurees
Si quil ny a plus riens que loffement

Qui a tous grant esbahyssement
Et est bien fol a qui point nen souuient
Grans & petis vniuersellement
Vne foys telz estre nous conuient
De lautre part sont venuz vis a vis
Sur troys cheuaulx troys beaulx hommes tous vifz.
Mais en voyant ceste chose admirable
Il ma semble quilz ont este rauis
Trop long seroit de racompter le deuis
Des troys biuans piteux & lamentable
Celluy nest deur qui ne fust doutable
De voir les mors & nõ pas sans raison
Car quiconcques voit feu en la maison
De son prochain mettre & gette
De la sienne par cause doit doubte
Donc les viuaus q̃ les mors aperceurēt
De merueille nest si fort sespouanterent
A celle heure cause raisonnable eurent
Les mors aux vifz / les vifz au mors

parlement
Et aux viuãs les troys mors reueller
De mort les grans & terribles aliaux
Et tellement les viuans espouanteren
Que a biē petit que tous ne tresbucher
A la terre de dessus leurs cheuaulx
Lung laissa chiens & lautre les oyseau
En requerant grace a dieu & mercy
Que requerir nous luy deuons aussi
En luy priant par sa saincte puissance
Quilz nous donne faire braye penitanc
Si q̃ au monde ou no? sommes mortelz
Frous facon tant q̃ ayons la ioyssance
Apres la mort des regnes immortelz.

¶ Le premier mort.
¶ Se nous vous apportons nouuelles
Qui ne soyent ne bonnes ne belles
A plaisance ou a desplaisance
Prendre vous fault en pacience
Car ne peult estre aultrement

D iii

Beaulx amys tout premierement
Nonobstant quelconque richesse
Puissance / bonne / force / ou ieunesse
Nous vous denoncons tout le voir
Qui vous conuient mort recepuoir,
Une foys las si douloureuse
Si amere / si angoisseuse
Que les mors qui en sont deliure
Ne vouldroyent iamais reuoir
Pour mourir encor de tel mort
Et apres quant vous serez mort
Tout ainsin que pouures truans
Vous serez hydeux et puans
Des nostres et de noz liurees
Et voz ames seront liurees
Ie nen dis plus / mais cest du pire
Il me souffit assez de dire
De voz meschans corps la misere
Qui ne sont pas daultre matiere
Certainement ne que nous sommes
Naguere estions puissans hommes
Or sommes telz comme voyez
Si vous boulez si pouruoyez
Et bien y deuez pouruecoir
Quant en nous vous pouez vedir
Comme de vous il aduiendra
A quel loyer mort vous rendra
Car voz corps qui sont plains dordure
Aller fera pourriture
Tel come vous vng teps nous fusmes
Telz serez vous comme nous sommes.

Le second mort.

Pouruoyez y si vous boulez
Aultrement que vous ne souliez
Car certes la mort vous espie
Pour vous oster des corps la bie
Plus briefuement que ne cuidez
Qui estes si oultrecuidez
Que pour vng peu de ioye baine
Vng peu de plaisance mondaine
Qui est de si courte duree
Tost venue plutost allee

Doulez perdre la ioye fine
De paradis qui point ne fine
Et que pis est dampne serez
Aultrement rien eschaperez
Mais se sera sans deliurance
Comme auez vous tel plaisance
Dictes vous meschans orguilleux
En ce monde si perilleux
On ny a que diuisions
Diuerses tribulations
Puis guerre puis mortalite
Tousiours nouuelle aduersite
Reuient auant que lautre faille
Vous ne scauez homme sans faille
Tant soit puissant bueille ou nõ buelle
Qui ne souffre qui ne se buelle
Ailleurs doncques repos querrez
Car cy point ne le trouuerez
Repos auez en paradis
Se croire vous boulez les ditz
Des saiges qui conseillent faire
Ce que faire est necessaire
Pour lacquerir et pour lauoir
Rien mieulx nully ne peult auoir
Faictes des biens plus que pourrez
Aultre chose nemporterez

Le tiers mort.

O folle gens malauisee
Que ie voy ainsi desguisee
De diuers habitz et de robes
Et daultres choses que tu robes
Tant puante charongne a vers
Et prent de tortz et de trauers
Ne il ne te chault dont biengne
Mais que ton estat se maintiegne
Quant ie teuoye tes fault delitz
De vin / de biandes / et delitz
Les grans exces / les grans oultraiges
Dont ceulx qui sont les labouraiges
Aux champs et pour toy se trauaillent
Tous nudz / de fain cryent et baillant
Quant ie boys tel gouuernement

Je doubte que soudainement
Dieu telle vengence ne face
Que vous nayez temps ne espace
Seullement de crier mercy
Cuidez vous tousiours regne cy
Folz meschans de male heure ne
Qui en ce point vous demenez
Nenny nenny / vous y mourrez
Faictes du pis que vous pourrez
Lors aurez perdurable vie
Bonne ou malle neu doubtes mye
Dieu qui est iuste / y p̃   l
Chascun celon ce quu
Faictes des biens nat.   s pas
Que ceulx apres vost·   espas
Pour vous en fassent qu̾ aymez chier
Qui ne vous bouldroyent approcher
En la terre vous porteront
Et tost apres vous oubliront
Et telz cuide vous bons amys
Qui sont voz plus grans ennemys
        ¶ Le premier vif.
¶ O saincte croix par ta puissance
Donc ie voy la remembrence
Garde mon corps ꞇ ne consens
Que ie perde au iourdhuy le sens
Pour ceste gent hideuse ꞇ morte
Qui telle nouuelle nous aporte
Nouuelle dure ꞇ peruerses
Las entre les choses diuerses
Touchant nostre fragilite
De quoy nous ont dit verite
Mon poure cueur de paour tremble
Quant troys morts ainsi vont ensemble
Deffigurez / hydeur diuers
Tous pourris ꞇ mengez de vers
Le premier dit bien men souuient
Que mort endurer nous conuient
A grant angoisse ꞇ grant douleur
Dont il me fist muer couleur
Et des ames dist vne chose
Que des clarer ne veut ne nose

Je croit cest de leur damnement
En enfer perdurablement
Telz nouuelle ne sont pas bonnes
Helas noz chetiues personnes
Pourquoy nous fist oncꝗs dieu naistre
En ce mechant monde pour estre
Si tost liurez a tel ordure
De ma vie nauray plus cure
Quant ie voy que les gens qui biuent
Tant de maleurte ensuyuant
Que ie prise trop mieulx assez
Le poure estat des trespassez
Car tousiours sans fin durera
Et celuy des vifz finera
Et en lestat qui tousiours dure
A bien viure on doit mettre cure
        ¶ Le second vif
¶ Esse donc a bon essiant
Que la mort nous va espiant
Et quil nous fault mourir
Nest il homme qui secourir
En puist / pour or ne pour argent
Helas conuient il a ieune gens
A tel horriblete venir
Oncques ne me peult souuenir
Mais ie voy bien que cest a certes
Je voy les enseignes apparentes
De mort passerons les estroys
Et deuiendront comme ses trois
Cest la fin de nostre besongne
Helas helas meschant charongne
Mais que tu face tes plaisirs
Tes voulentez / tes fault desirs
Il ne te chault du remenant
Or voyons nous bien maintenant
Que par toy nous sommes deceuz
Car iusques y cy te auons crus
Et de noz ames peu te chault
Se elles ont eu froit ou chault
Fy charongne qui rien ne bault
Tu ayme mieulx les gras chaua ulx
Les beaulx habitz si peu durable

Et telles chofe cozrumpables
Pour ton mefchant cozps et rebelle
Que tu ne fais vne ame belle
Et fi fcez bien que tu mourras
Et en la terre pourriras
Ou lame perdurablement
En ioye biura/ou en tourment
Penfons doncques fi bien finer
Que en ioye puiffons finer
Bon y fait penfer quant on peult
Souuët on ne peult quät on veult.

℃Le tiers vif.

Certes ceft bien dit/mais au fozt
Il ny a point de defconfozt
Tous nous conuient paffer ce pas
Et croy que dieu ne nous haïft pas
Mes beaulx feigñrs z beaulx amis
Quät fes .iu. mozs nous a träfmis
Qui donne nous ont congnoiffance
De la mozt/z de la mefchance
Qui nous vient finer noftre ioye
Helas iamais ie ne cuydoye
Que ce téps cy nous deuft faillir
Ne que mozt ofaft affaillir
Telz gëtilz gës cöme nous fommes
Mais ie voy bië que riche hömes
Sont telz/z de nuile value
Ne plus ne moins que gens menue
Nen parlons plus ceft pour neant
Maintenant ie fuis cler voyant
Que la ioye du monde eft bziefue
Et la fin delle point ne griefue
En enfer eft hozrible peine
En paradis eft ioye plaine
Sur toute ioye delectable
Et lune z lautre perdurable
Oz enfuyuons ie bous en pzie
Defozmais la meilleure partie
Fol eft qui choifift z depar
Quant il eflift la pire part
Deux voye auons deuant noz yeulx
Nous qui biuons ieune z bieulx
Une a ioye z repos meine

Lautre a tourmen z a peine
Pour ioye z repos auoir
Bien fault faire/doit on fcauoir
Qui mal fait z ne fe repent
Il aura peine z tourment

℃Finis.

℃Cry de mozt.

℃Toft/toft/benez femme danfer
Apzes les hommes incontinent
Et gardez bous bien de verfer
Car bous danferez bzayment
Mon coznet cozne bien fouuent
Apzes les petis z les grans
Defpeche bous legierement
Apzes la pluye bient le beau temps.

Lacteur.

Mirez vous cy hommes & femmes
Et mettez vostre affection
A penser a voz poures ames
Qui desirent saluation
Cy bas nest pas la maison
Ou vous deuez estre tousiours
Mort met tout a destruction
Grant & petit meurt tous les iours

Pour noblesse ne pour honneur
Pour richesse ou poureté
Pour porter estat de valeur
Ou du tout mendicité
Ne differe mort escrite
Mais autant dune part que dautre
Sans auoir mercy nepitie
Huy prent lung & demain lautre.

Mozs iuuenes rapit atcz senes nulli miseretur. Illa fremit omne genus tremit &c.

CLe premier mozt.

CVenez dames & damoyselle
Du siecle & de religion
Veufues / maries / & pucelles
Et aultres sens exception
De quelque condition
Toutes densera ceste danse
Vous biendzes bueille ou non
Qui saige est souuent y pense.

CLe second mozt.

CQuelz sont voz cozps ie voz demãde
Femmes iolyes tant bien parees
Ilz sont pour certain la viande
Quung iour sera aux vers donnee
Des vers sera donc deuozee
Vostre chaiz qui est freche & tendze
Ja il nen demourera goulee
Voz vers apzes deuiendzont cendze.

CLe tiers mozt

CCompainon bonne est ta raison
De ses femmes oultrecuidees
Que leurs cozps sera venoison
De vers puans vng iour mengees
Et pourroyent estre gardees
Pouz oz ne argent ne rien qui soit
Nenny bien sont doncques abusees
Qui ne samende il se decoit.

CLe quart mozt.

CFemmes mirez vous en vng tas
Dossemens de gens trespassez
Lesquelz ont eu diuers estas
Au monde estez leurs temps passez
Et maintenant sont entassez
Lung sur / laultre / gros & menus
Ainsi serez / oz y pensez
La chaiz pourri les oz tous nudz.

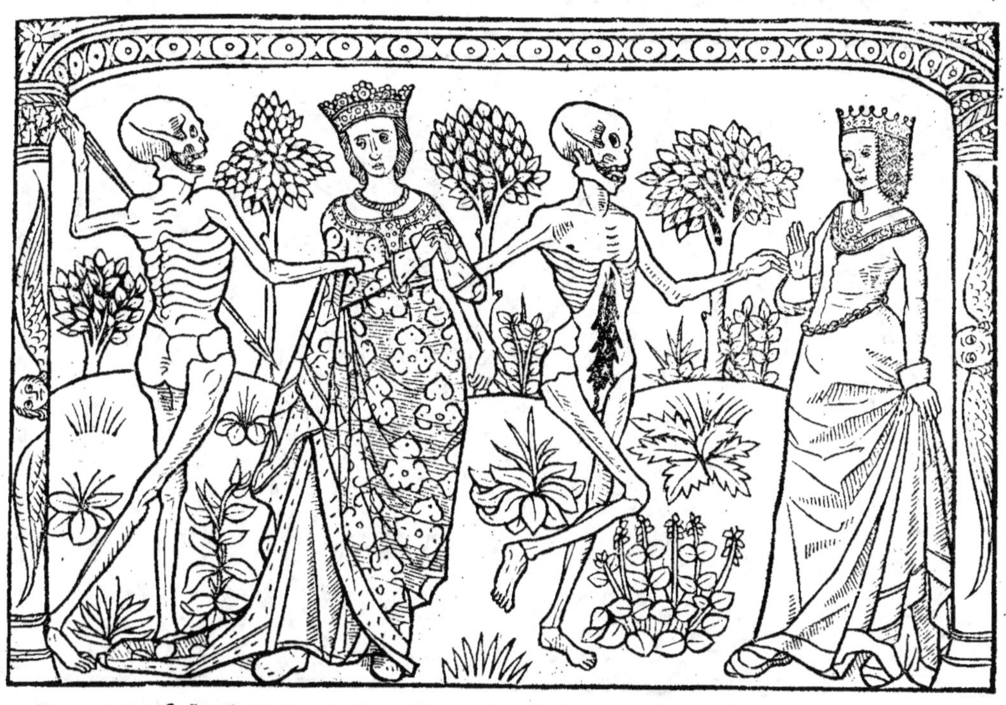

Que modo fulgebat ornata in aula:modo sordet nuda in tumba.

¶Le mort.

¶Noble royne de beau coursaige
Gente & ioyeuse a laduenant
Jay de par le grant maistre chairge
De vous emmener maintenant
Et comme chose bien aduenant
Ceste danse commencerez
Faictes deuoir au demeurant
Vous qui biuez ainsin serez.

¶La royne.

¶Ceste danse mest bien nouuelle
Et en ay le cueur bien supris
He dieu quelle dure nouuelle
A gens qui nelont pas apris
Las en la mort est tout conpris
Royne dame grande ou petite
Les plus grans sont les premiers pris
Contre la mort na point de fuyte.

¶Le mort.

¶Apres madame la duchesse
Vous viens querir & pourchasser
Ne penses plus a la richesse
A biens /ne a ioyaulx amasser
Au iourdhuy vous fault trespasse
Pourquoy de vostre vie est fait
Folie est de tant embraser
On nemporte que le bien fait.

¶La duchesse.

¶Je nay pas encores trente ans
Helas a lheure que commence
A scauoir que cest de bon temps
Mort me vient toillir ma plaisance
Jay des amys / & grant cheuance
Soulas /esbas /gens a deuis
Pourquoy moins me plaist ceste danse
Gens aises si meurent enuys.

Que modo beſcebat deliciis in cenaculo modo conſumiꞇ a bermibus in ſepulchꝛo.

Le moꝛt.

Oꝛ ſa madame la regente
Qui auez regnom de bien dire
De denſer / fringuer / eſte gente
Sur toute quon ſcauroit eſlire
Vous ſouliez aultre faire rire
Feſtier gens ⁊ raillier
Oꝛ eſt il temps de bous reduire
La moꝛt ſi fait tout oublier.

La regente.

Quant me ſouuient des tabouring
Nopces / feſtes / harpes / trompettes
Meneſtrier / doulcaines / claring
Et des grans chieres que iay faictes
ſe congnois que tel entrefaictes
En temps de moꝛt nont point de lieu
Mais tournent en pouures emplaictes
Tout ſe paſſe foꝛ aymer dieu

Le moꝛt.

Gentille femme de cheualier
Qui tant aymez deſduyt de chaſſe
Sur toſt il bous fault deſhabilier
Et ſuyure le train de ma traſſe
Ceſt bien chaſſe quant on pꝛochaſſe
Choſe a ſon ame meritoire
Car au dernier moꝛt tout enchaſſe
Ceſt bie eſt moult tranſitoire

La femme du cheualier.

Pas ſi toſt mourir ne cuydoye
Et cõment dea ie ſouppoye hyer
Sur lherbe berte a la ſaulſoye
Du fis mon eſpꝛeuier goyer
En rien plus ne ſe fault fier
Et queſt ce des faict de ce monde
Huy rire / demain lermoyer
La fin de ioye en dueil redonde.

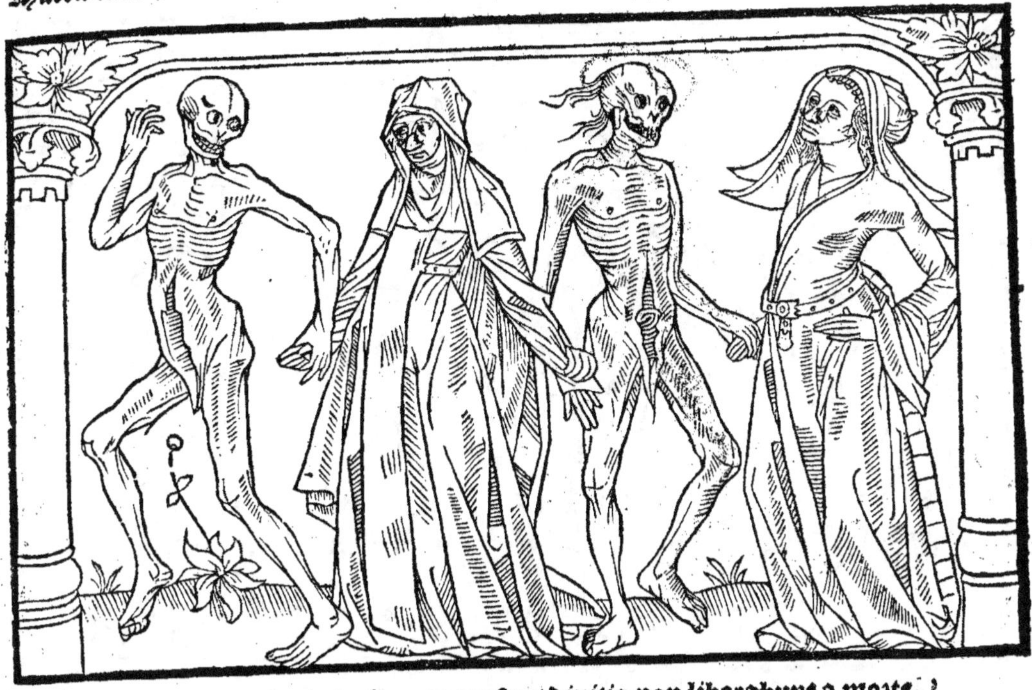

Mozs omnia ſoluit·Quid ergo pzoſunt diuitie.non liberabunt a mozte.

¶Le mozt.

¶Dame abbeſſe vous laiſſerez
Labbaye quaue; bien aymee
Quung peu de bien nempozterez
Plus nen ſerez dame appellee
Voſtre croſſe dargent doree
Vne de voz ſeurs poztera
Qui apzes vous ſera ſacree
Tout fut doultruy tout y ſera·

¶Labeſſe.

¶Le ſeruice hier ie faiſoye
En legliſe comme abbeſſe
Et ma croſſe dargent pzotoye
Amatines z a la meſſe
Et au iourdhuy fault que ie laiſſe
Abbaye/croſſe z couuent
He lieu de ce monde queſſe
On eſt de mozt ſurpzins ſouuent

¶Le mozt.

¶Dame plyez voz gorgerettes
Il neſt plus temps de vous farder
Voz atours/fronteaulx ozeillettes
Ne vous pourroyent icy ayder
Pluſieurs ſont deceu pour cuyder
Que la mozt pour leur habit fleche
Chſcune y deuſt bien regarder
Par habit mainte femme peche.

¶La femme de leſcuyer

¶He quay ie meſfait ou medit
Dont doiue ſouffrir telle perte
Iauoye achate au lendy
Du dzap pour taindre en eſcarlate
Ou teuſſe eu vne robe verte
Au premier iour de may qui vient
Mais mon empzinſe eſt deſcouuerte
Tout ce que penſe pas nauient

Lucifer ex merito cicidit dilapsis adyma.

¶Le mort.

¶Pas ne bous oubliray derriere
Uenez apres moy sa la main
Entendez plaisante bergiere
Ou marchande cy main a main
Aur champs nirez plus soir ne matin
Ueiller brebis ne garder bestes
Rien ne sera de bous demain
Apres les beilles sont les festes.

¶La bergiere

¶Ie prens congier de fianc gontier
Que ie regrette a merueilles
Plus naura chapeau daglentiers
Car becy piteuses nouuelles
A dieu bergieres ⁊ pastourelles
Et les beaulx chāps ꝗ dieu fist croistre
Adieu fleurs ⁊ roses bermeilles
Il fault tous obeir au maistre.

Quod speruit domino subditus esse suo

¶Le mort.

¶Apres poure vieille aux potances
Qui ne bous poucz soustenir
Cy bas naues pas boz plaisances
Aussi bous en conuient benir
Lautre siecle est a aduenir
Ou pour bostre mal quauez boyze
Pouez a grant bien paruenir
Dieu recompense tout en gloire.

¶La femme aux potences.

¶De biellesse ne boy plus goutte
Pourquoy ne crains gueres la mort
Dix ans ya que iay la goutte
Maladie me griefue bien fort
Mes amis ont le mien a tort
Et nay baillans deux blans contans
Dieu seul est tout mon reconfort
Apres la pluye bient le beau temps.

Nemo tollit peccatum nisi solus christus qui est agnus tollens peccata mundi.

Le mort.

Et vous aussi gente bourgoyse
Pour nean certes vous excusez
Il est force que chascun voise
Comme veez & aduisez
Voz beaulx gorgias empesez
Ny font rien ne belle ceinture
Maintz hommes en sont abusez
En tous estatz il fault mesure.

La bourgoyse.

Mes getz & colletz de letisses
Ne me exemptent point de mort
Mes grans ioyes & delices
Me viennent icy a remort
Ma conscience fort me mort
Des follies faictes en ieunesse
Qui me sont a rebours tresfort
Ioye en la fin tourne en tristesse.

Le mort.

Femmes veufue vene auant
Et vous auances de venir
Vous veez les aultres deuant
Il conuiet vne foys finer
Cest belle chose de tenir
Lestat ou on est appelle
Et soy tousiours maintenir
Vertu est tout par tout loue

La femme veufue.

Depuis que mon mary mouru
Iay eu affaire grandemens
Sans ce que aulcun me secouru
Sinon mon dieu tant seulement
Iay des enfens bien largement
Qui sont ieune & non pourueu
Dont iay pitie/mais nullement
Dieu ne laisse aulcuns despourueu

Singula de nobis anui pꝛedant euntes.   Eripuꝛe iocos venerẽ comuia ludum.

¶Le moꝛt.

¶Allons oultre gente marchande
Et ne vous chaille de peser
La marchandise quon demande
Cest simplesse dy plus muser
A lame deussiez aduiser
Le temps sen va heure apꝛes heure
Et nest tel que den bien vser
Le merite ꝫ bien fait demeure.

¶La marchande.

¶Que gardera mon ouurouer
Tandis que ie suis en malaise
Mes gens ne ferout que iouer
Les bien leur viennent a leur aise
A dieu ma balance ꝫ ma chaise
Ou iay eu les peule oirigens
Pour plus chier vendꝛe dont me poise
Auarice decoit les gens.

¶Le moꝛt.

¶Apꝛes madame la baillifue
Des quaquetz tenus en leglise
Iuge auez par raison viue
Maintes gens a la vostre guise
Ie vous signifie de maia mise
Pour pꝛoueoir aultre en voltieu
Lac au iourdhuy serez demise
Point ne se sault iouer a dieu

¶La baillifue

¶Si femme se plaint de legier
La coustume nest pas nouuelle
Et lentremetre de iugier
Des faitz daultruy ꝫ non pas delle
Chalcune se repute telle
Que ce quelle fait eit bien fait
Dauōcques mal ne tut oit par elle
Il nest rien au moꝛde parfait.

Uita bzeuis belut vmbza leui·Poeta·Ȥulla vite fides eſt·Seneca·

¶Le mozt.

¶Pour bous monſtrer boſtre folie
Et quon doit ſur la mozt beiller
Sa la main eſpouſe iolye
Allons en deſhabillier
Pour bous ne fault plus trauailler
Car bous biendzes coucher allieurs
On ne ſe doit trop reueillier
Les faitz de dieu ſont merueilleuꝝ｜

¶Leſpouſe.

¶En la iournee quauoye deſir
Dauoir quelque ioye en ma bie
Je nay que dueil ⁊ deſplaiſir
Et ſi fault que tantoſt deſuie
He mozt pourquoy as tu enuye
De moy qui me pzens ſi acoup
Si grant faulte nay deſſeruye
Ȥais il fault louer dieu de tout

¶Le mozt.

¶Femme nourrie en mignotiſe
Ȣui dozmez iuſque au diſner
On bous chauffe bne chemiſe
 Il eſt temps de bou deſiuner
Ȣous ne deuiſſiez iamais iuſner
Car bouz eſtez trop maigre ⁊ buyde
Ademain bous biens adiourner
On meur pluſtoſt quon ne cuyde

¶La femme mignote.

¶Pour dieu quon me boiſe querir
Ȥedicin ou apoticaire
Et comment me fault il mourir
Jay mary de ſi bon affaire
Aneaulꝝ robes neuf ou diꝝ paire
Ce morceau ci meſt trop aigre
Ȥoult ſe paſſe toſt baine gloire·
Femme ayſe meur a grant regret

Quis redimit cū mors pimit q̃ federa nūq̃. Nec p̃ciū nec seruitiū mors accipit vnq̃

¶ Le mort.

¶ Douce fille & belle pucelle
Ne vous chaille ia di laisser
La misere de vie mortelle
Qui conuient a chascum passer
Car qui vouldroit bien tout trasser
Il na seurte narrest en lieu
Fors son sauluement pourchasser
Virginite plaist moult a dieu

¶ La pucelle vierge.

¶ En ce siecle ieune ne vieulx
Ne sont pas en grans seurte
De larmes sont souuent les yeulx
Plains / pour ennuy ou pourete
Sont a vne ioyeusete
Il vient apres quinze douleurs
Pour vng bien / double aduersite
Plaisir mondain finit en pleurs.

¶ La mort.

¶ Nous direz vous rien de nouueau
Ma dame la theologienne
Du testament vieulx ou nouueau
Vous beez comme ie vous maine
Et estes ia fort ancienne
Il fait bon cecy recongnoistre
Et a bien mourir mettre peine
Cest beaucoup que de ce recongnoistre

¶ La theologienne.

¶ Femme qui de clergie respond
Pour auoir bruyt ou quon lescoute
Est des molues de petit pont
Qui ont grans yeulx & ne voyent goute
Saige est qui rondement si boute
Et qui trop veulx scauoir est beugle
Le hault monter souuent chier couste
Chascun en son fait est auengle

Mors facit exosum res aufert atq; coloré. Uirmib⁹ exponit ferentia corpora reddit

¶ Le mort

¶ Apres nouuelle marie
Qui auez mis uostre desir
A danser & estre paree
Pour festes & nocpces choisir
En dansent ie vous vient saisir
Auiourdhuy serez mise en terre;
Mort ne vient iamais a plaisir
Joyesen va comme feu de feurre.

¶ La nouuelle mariee.

¶ Las/demy an entier na pas
Que commence a tenir mesnage
Pourquoy si tost passer le pas
Ae my et pas doulceur/mais rage
Gauoye lesir en mariage
De fair... ons & merueilles
Mais la mort pas trop fort me charge
Ung peu de vent abat grant fueilles.

¶ Le mort.

¶ Femme grosse prenez loisir
Dentendre a vous legierement
Car huy mourrez /cest le plaisir
De dieu & son commandement
Allons pas a pas bellement
En gettant voustre cueur es cieulx
Et nayez paour aultrement
Dieu ne faict rien que pour le mieulx

¶ La femme grosse.

¶ Jauoye bien petit de deduyt
De mon premier enfantement.
Je recommande a dieu le fruict
Et mon ame pareillemeut
Helas bien cuidoye aultrement
Auoir grant ioye en ma gesine
Mais tout va bien piteusement
Fortune tost le change & fine.

f ii

Omnia sunt homini tenui pendentia filio. Et subito casu que valuere ruunt.

☙Le mozt·
Dicte ieune femme tant habille
Renommee bonne chamberiere
Ne respondez vous point belle file
Sans tenir si rude maniere
Uous ne irez plus a la riuiere
Bauer au four et a la fenestre
Cest ce vostre iournee derniere
Aussi tost meur seruant que maistre

☙La chamberiere
Quoy ma maistresse ma pzomis
Me marie ꝛ des bien faire
Et puis si ay daultre amys
Quil luy ayderons a parfaire
He men irayie sens rien faire
Je mapelle oﬀ me fait tort
Aussi ne men sairoye taire
Peu de gens desire lamozt

☙Le mozt.
Scauez vous recõmanderesse
Point vng bon lieu pour me logier
Jay bien mestier que on madzesse
Car nul ne me veult habergier
Mais ie feray tant de logier
Que on congnoistra mon enseigne
Mourir vous fault pour abzegier
Nul ne per que lautre ne gaigne

☙La recommanderesse·
En la mozt na point damitie
Et si ne fait riens pour requeste
Oz argent/pziere/ne pitie
Pour neant on se romt la teste
Qui y veult resister est bete
La mozt a nully necomplist
Et fault tous denser a saieste
Mourir conuient quant ꝛ dieu plaist.

Qð breuiter durat: qð prudēs q̄rere curat. Nō metuēs hoiem faciet mors aspa finē.

¶Le mort.

¶Ma damoyselle du bon temps
A tout voz anciens atours
Ilest de vous en venir temps
Nature a en vous passe son cours
Vous ne pouez viure tousiours
Je voys deuant / venez apres
Et ne faictes point long seiour
Vielles gens sont de la mort pres.

¶La vieille damoyselle

¶Jay voyrement mon temps passe
Et ayme mieulx ainsi mourir
Que reuoir ce qui est passe
Et tant de miseres courir
Jay veu poures gens langourir
Et aultres choses dont me tais
Enfans pour bien viure & mourir
Il nest plus grant bien que de paix

¶Le mort.

¶Femme de grant deuotion
Clouez voz heures & matines
Et laissez contamplation
Car iamais nirez a matines
Se voz prieres sont bien dignes
Elles vous bouldront deuant dieu
Rien ne vault souspirs ne signes
Bonne operation tient lieu

¶La cordeliere

¶Je mercie le createur
A qui plaist de menuoyer querre
En louant le bon redempteur
Des bien quil ma donne sur terre
Aulx temptations ay eu guerre
Qui est moult forte a demener
Dieu ayde qui le veult requerre
Seruir dieu est viure & regner

f iii

Pzeterit ista dies nesritur ozigo secũdi. An laboz an requies sic transit glozia mũdi.

¶ Le mozt.

¶ Femme dacueil z amyable
A festie gens aplante
Acquis auez amy de oable
Pour parler de ioyz usée
Le temps nest tel qui a este
Rien ny hault cy vacabond
Parler / qui nest que vanite
Ceulx qui ont le bruit nont le bond

¶ La femme dacueil.

¶ Auiourdhuy parens z amy
Promettent mons z mervueilles
Et quant voyent quon est bas mis
Ql baillent bien tous les ozeilles
Et sont aussit sours cõmme fueilles
Que bent fait voler par couples
Et que baillens pzomessi telles
Uzaye ne font pas les amys doubles.

¶ Le mozt.

¶ Apres nourice / vostre beau filz
Nonobstant son couuertoir
Et son beau bonnet de troys filz
Uous ne le menrez plus touer
Disloge vous sans delay
Car tous deux mourrez ensemble
Uous ne pouez plus cy targie
La mozt pzēt tout quãt bon luy semble

¶ La nourrice.

A ceste danse / fault aller
Comme font les pzestres au seyne
Ie voullisse bien recule
Mais ie me sens la bosse en layne
Entre les bras de mou alayne
Cest enfant meur depydemie
Lest grant pitie de mozt soudaine
Nul nest qui aist heure ne temps

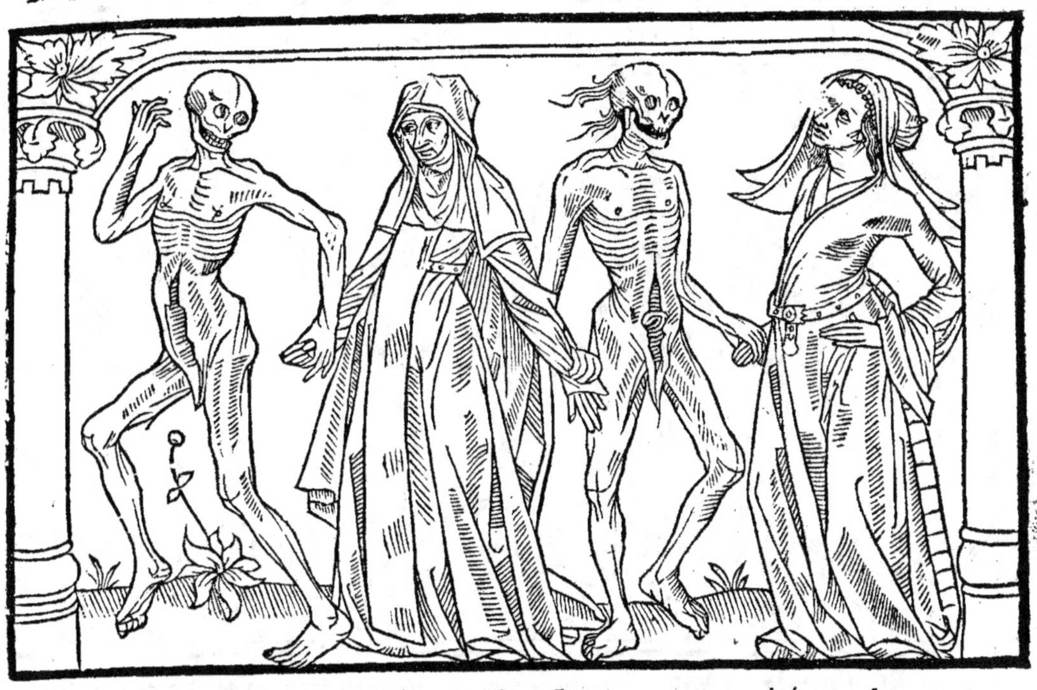

Quid pꝛofunt epule / quid delicie / nõ defendũt a verme / non eripiunt a fetoꝛe.

¶ Le moꝛt.

¶ Se vous auez sãs fiction
Tout voustre temps ceruit a dieu
Du cueur en sa religion
La puelle vous auez vestu
Celluy qui tous bien retribue
Vous recompencera loyaument
A son vouloir en temps ꝗ lieu
Bien faict requiert bon payment.

¶ La pꝛieure.

¶ Cestoit en ma religion
Seruir a die u tout mon desir
Ou cloistre par deuotiou
Dire mes heures a loisir
Oꝛ met venu la moꝛt saisir
Au monde na point de regre
Face dieu de moy son plaisir
Pꝛendre doit on la moꝛt en gre.

¶ Le moꝛt.

¶ Venez apꝛes madamoyselle
Et serrez tous voz afficquet
Nenchault si estes laide ou belle
Laisser vous fault plaitz ꝗ quaquetz
Plus ne irez en ses banquetz
Ou ont sens si louef leaurose
Ne verrez iouster a roquetz
Femme font faire mille chose

¶ La damoyselle.

¶ Que me baillent mes grans atours
Mes habitz / ieunesse / heaulme
Quant tout me fault laisser en plours
Oulter mon gre ꝗ voulente
Mon coꝛps sera tantost porte
Aux vers ꝗ a la pouriture
Plus nen sera balle ne chante
Joye mondaine bien peu dure

Non ex difformitate corporis defedatur animus :sz ex putredine aíe defedat corpus

C Le mort.

C Ha pouure femme de villaige
Suyuez mon train sans retarder
Plus ne vendrez oeuf ne froumaige
Allez voftre panier vuydre
Se vous auez bien sceu garder
Pouurete/patience z perte
Vous en pourrez moult amender
Chascun trouuera sa defferte

C La femme de villaige.

C Ie prens la mort vaille que vaille
Bien en gre z en patience
Frãc archiers ont pris ma poullaille
Et ont eu toute ma substance
De pouures gens nulli nen pense
Entre voysins na charite
Chascun veult auoir grant cheuance
Nul na cure de pourete

C Le mort.

C Et vous madame la gourree
Venduz auez maintes surplis
Dont de largent estes fourre
Et en sont voz coffres remplis
Apres tous souhaitz acomplis
Conuient tout laisser z bailler
Selon la robe on fait les plis
A tel potaige tel cuillier.

C La vielle.

C A tout mon cas bien recongnoistre
Ie nay pas vescu sans reprouche
Me suis afflubee de mon maistre
Comme fait coquin de sa bouche
Iay souuẽt mys ses vins en broche
Et lay fait despendre a ma guise
Mais maintenant la mort aprouche
Cant va le pot a leaue quil brise.

Pauperies si leta venit ditissima res est. Tristioꝛ immensas pauperas vsas opes.

¶Le moꝛt.

¶Appꝛochez vous reuenderesse
Sans plus faire cy demouree
Voftre coꝛps uuyt ⁊ iour ne cesse
De gaigner pour estre honoꝛee
Honneur est de poure duree
Et se pert en moment dheure
Au monde na chose asseuree
Tel rit au matin qui au soir pleure

¶La reuenderesse

¶Hyer ie gaignay deux escus
Pour surfaire subtillement
Ie ne scay qui les ma tollus
Argent acquis mauuaisement
Ne fait ia bien communement
Helas ie meurs /cest aultre metz
Que pꝛeste ay hastiuement
Car il vault mieulx tard que iamais

¶Le moꝛt

¶Femme de petite value
Mal biuant en charnalite
Mene auez vie dissolue
En tous temps yuer et este
Ayez le cueur espouente
Car vous serez de pꝛes tenue
Pour mal fait on est tourmente
Peche nuyt quant on continue.

¶La femme amoureuse.

¶Ace peche me suis submise
Pour plaisance desoꝛdonnee
Pendu soit il qui ma mise
Et au mestier habandonnee
Las se ieusse este bien menee
Et conduyte pꝛemierement
Iamais ny eusse este trouuee
La fin suyt le commencement

g

Non teneas aurū totū q̄d splendet vt aurū, Nec pulchzū pomū quod libet iste bonū.

⟶ Le mozt.

⟶ Uenez sa garde dacouchees
Dzesse auez maintez bang perdus
Et ses courtines atachees
Ou estoient beaulx bouquetz pendus
Biens y ont este despēdus
Tant de motz ditz que cest vng songe
Qui seront apzes chiers vendus
En la fin trestout bient a ronge.

⟶ La garde dacouchees

⟶ Jay boirement dzesse maintz baingz
Pour les comperes z commeres
Ou ont este pastez de coingz
Menge /darioles /goyeres
Tartes / z fait mille grans chiere
Si tost quon a oste la table
Il nen souuiet a nully gueres
Joye de mengier est peu durable.

⟶ Le mozt.

⟶ Tires bous pzes gente fillete
Bailles moy bostre main menue
Il fault que sur bous la main mette
Uostre dernier iour est benu
Mozt nespargne gzos ne menu
Gzant ou petit luy est tout bng
Payer on doit le temps tenu
La mozt est commune a chascun.

⟶ La ieune fille.

⟶ Ha ha ma mere ie suis happee
Uecy la mozt qui me transpozte
Pour dieu quon garde ma poupee
Mes cinq pierres /ma belle cotte/
Du elle bient tout elle empozte
Pour le poure que dieu luy donne
Uieulx z ieunes de toute sozte
Tout bient de dieu tout y retouzne.

¶ La royne morte

¶Jestoye royne courounee
Plus que aultre doultee & crainte
Qui suis icy aux vers donnee
Apres que de mort fus attainte
Sur la terre ie suis contrainte
Destre couchee a la renuerse
Pourquoy est dure ma cõplaincte
Bien charie droit qui ne verse
Prenez y qui me regardez
Exemple/pour boftre prouffit
Et de mal faire vous gardez
Ie nen ditz plus il me souffit
Si non que celluy qui vous fit
Quant il bouldra vous deffera
Deffaitz estiez quant vous refit
Qui bien fera bien trouuera

¶Lacteur.

¶Uous seigneurs & vous auffi dames
Qui contemples ceste paincture
Plaise vous prier pour les ames
De ceulx qui sont en sepulture
De mort neschappe creature
Allez/venez/apres mourez
Ceste vie qui bien peu dure
Faictes bien vous le trouueres.
Jadis furent comme vous estes
Qui ainfin dansent en facon telle
Allans/parlans comme vous faictes
De gens mors il nest plus nouuelle
Ne il nen chault dune sewelle
Aux hoirs/ne amys des trespassez
Mais quilz ayent argent & vaisselle
Ayez deur pitie cest assez

A mort/a mort a mort tout homme
Puis que iay sur vous seigneurie
pour auoir mange de la pomme

Qui vous estoit dessus vo vie
Prohibee de nen mengier mye
Pour icelle transgression
Tu en mourras ie te affie
Toy et ta generation

Mort declaire icy son pouoir dessus nature humaine.

Je suis la mort de nature ennemye
Qui tous viuant finablemēt consomme
Anihilans a tous humains la vie
Reduitz en terre & en cēdre tout homme
Je suis la mort qui dure me surnōme
Pource quil fault que maine tout a fin
Je nay amy/parent frere/ne affin
Que ne face tout rediger en pouldre
Et suis de dieu a ce commise affin
q lhōme doubte autant q tōnāt fouldre.

Mort fut engendree de adam et de eue.

Eue & adam puis leur creation
En trespassant la diuine ordonnance
Commettant preuarication
Se submirent a mon obeissance
En me dōnant plain pouoir & puissance
Sur eulx de fait & leur prosperite
Pour leur meurdrir de mon auctorite
Si entray lors en paisible saisine
Daneantir en toute humanite
boys fueille & fleur fruict boutō & racine

Mort fist mourir abel

Cayn me fist la premiere ouuerture
En respandant le sang dabel son frere
qui lors fut mis pmier soubz couuerture
De la terre qui estoit la grant mere
Car il sentit lors grant angoisse amere

Et de mon dart sa pointe subite
Qui est si griefue mordante & despite
Quelle abat ius tout fort bras sagitaire
Et donne a tous sans ce q̃ vng en respite
plus hideur coup q̃ canõ ne vulgaire

¶Mort depuis fait mourir
toute gens.

Ainsi doncques en possession mise
Pour de mes doitz paisiblement vse
Ay prins depuis ama seure deuise
Ceulx q̃ ma pleu sans faindre nabuser
Et nay voulu affranchir ne excuser
Bõte/beaute/vertu/sens/ou vaillance
Que nape sait venir a ceste danse
Generallemẽt toute chair naturelle
Qui fut iadis par desobeissance
Sumise amoy & a ma loy mortelle

¶Mort pour tarder ne fault a venir.

Dessus ce beuf qui senua pas apres pas
Assise sus/& ne le haste pas
Mais sans courir ie metz a grief trepas
Les pl⁹ bruiãs quãt mõ dazt si les poit
Je puis q̃ poit quãt ie congnois mon point
Sans aduiser qui a assez vescu
Et si ne crains ne targe n escu
Quãt il me plaist ie poms & aguillonne
Et ne sera iamais mon dart vaincu
Par royal sceptre ou flourisant courõne.

¶Mort prent gens endormis
en leur aise.

Aise souuent sans flute & sans tabour
Endort les gens entretant que ie viens
Et entretant moys a moys iour a iour
Les faitz passe sans aduertyr riens
Ilz sendorment sur leurs tẽporelz biens
Et nont de moy souuenãce ou memoire
Ains estiment leur terrienne gloire
Peu durable comme incorruptible
Jusqsie biés q̃ fiers de ma chassouere
Pour leur dõner estrop grief & terrible.

¶Mort par guerre.

Dieu plusieursfoys en vẽgeance cruelle
Dõne aux pecheurs q̃ sõt biuãs sur terre
Par leurs pechez dissention mortelle
q̃ lhõe humain nõme expressemẽt guerre
Et cest cy tant de biuans a terre
Que mõ dart est tout taint en rouge sãg
Et quãt aulcun en est frappe tout tranc
Il a respit mais il est court & brief
Car puis apres quant ie serche ranc
Jasliez sur luy mõ dart p vng cop grief.

¶Mort par famine.

Aultre pays est pugny par famine
Par les pechez du peuple ou du prince
p ce mors cy ou tousiours rõge & mine
Plusieurs terres/region prouince
Et stant en prens tant en rõps tant pinse
Quon ne les peut nõbzer dire ou escripze
& en gaste acop vng royaulme vng ẽpize
Qui sont cõtrains a pouurement mourir
Et nest q̃ peult a mon dart contredize
Pour languillant en ce cas secourir

¶Mort par mortalite.

Et plusieursfoys ma bõne chamberieze
Mortalite est en terre transmise
q̃ mains milliers ẽ tait couchier en bieze
Pour les exploitz q̃lle tient en franchise
Humanite est a elle submise
Et soubz son iour a encline le chief
Elle luy fait maintesfoys grãt meschief
Diminuant rudement ses suppos
Et pour auoir de ses subiectz le chief
Elle abat tous sans aduiser propos.

Mort a troys verges.

Par le moyẽ de ses troys verges dures
Plus cruelles que deuorans lyons
Jay eu iadis des humains creatures
En plusieurs lieux infinis millions
Et tant de tait que maintes regions
Sont a present pource inhabitees
Qui de mon dazt ont este saigettees
Et puis nont eu ne secours ne recuse
Conte ne faitz de voyrs limittees
Quãt pour pugnir le createur se course.

¶ Mort a maladie chamberiere
Côment aussi ma loyalle seruante
Maladie rue ius plusieurs corps
Mais de tuez tousiours ne se vante
Ains eschappêt aulcuns delle pour lors
Et nôobstant qlz nê sont pource mors
Sy nôt ilz pas souuêt moult long respit
Car tost apres p vng tresgrant despit
Souuent ie les frappé z renuerse
Et nont loisir de languir en leur lict
Puis que ie fier destoc a la trauerse
        Mort a accident seruiteur.
Car accident qui nê dort ne sommeille
Ains ê tousiours au guet ou en êbuche
Plusieurs murdrist bait occist z trauaill
Et par moy en trop diuers il les huche
Lûg chet en leaue ou dehault il trebuche
lûg meurt d chault z lautre aussi d froit
Lautre a cueur de douleur trop estroite
Et meurt de dueil lautre meurt p poison
Lung meurt a tort z lautre a droit
Par accident qui en donne a choison
    ¶ Mort abrigans qui le seruent.
Et ses brigas murdriers larrôs de boys
Amys de mort z serfz diaboliqeus
Par accidêt sont moins cruaulx exploir
Lesquelz approuue et tiês pour autêtiq
Il tiêt les gens p boyes trop lubriques
Et meurdrissent mointesfoys innoceng
Jê ay p eulx tous les iours plusieurs cês
Qui sont a moy piteusement rendus
Et tost apres p bon droit ie consens
Que les larrons soyêt au gibet pendus.
    ¶ Mort a iustice qui la sert
Car iustice qui souuent anticipe
Plusieurs larrôs fait a son gibet pendre
Et les dept lung de lautre z dissipe
Pour les faire venir en mes mais rêdre
Et se ie veulx lors mon pouoir estendre
Lung est noye / lautre decapite
Lautre en espoir p vng têps respite
Par don de prince ou p qlque aduenture

Mais tost apres sans mercy ne pitie
Je le tresbuche en terre z pourriture
    ¶ Mort na de nully crainte
Et mes exploir ne restraing ne modere
Pour vaillance noblesse ne haulteur
Jatains a coup sans que nul differe
Beaulte scauoir force sens z valeur
Prenant autant le roy ou lempereur
Que le plus serf / point ny fay difference
Car ie ne crains honneur ne preeminêce
Lignage sens richesse ou hardisse
Ains faitz souffrir a tous la penitence
Du poignant dart q pour tuer ie dresse
    ¶ Mort abat toute mondanite.
Je faitz tarir acoup beaulte mondaine
Et tout odeur tourne en puant fiens
Je faitz tarir de force la fontaine
Je faitz pourrir autât les gens q fiens
Fresche couleur faitz retourner en rieus
Le sang muer / z les baines estendre
Rôpres les nerfz z cleres biues estâdre
Le sês mouuoir les yeulx pdre lumiere
Et quât ie beulx de mô dart fort attaidre
Il nest si fort que ne cenuerse en biere
Ses corps bièfait ses femenins vrsage
Dorelotez par tout mignonnement
Pains z ferdez reluisans côme ymages
Je faitz fletir puir laydement
Et p vng dart en vng tout seul moment
Faitz rediger vne dame ioyeuse
En grant laideur horrible z hydeuse
Dônâs aux vers la chair tât biê nourie
Qui est par moy mise en fin trespiteuse
Pour retourner en matiere pourie
Donnansainsi mes doulouzeur assaulx
Faitz oubliez tous les estatz mondains
Et p telz heures moitz marris vassaulx
Oste lespoir de dieu z de ses sainctz
Car quât ilz sôt serrez entre mes mains
Les pas mortelz p sa dure rigueur
Leur dône angoisse z extreme langueur
Tant z si fort quil pdent souuenance

Pourquoy memoire est hozs de la vi-
geur.
Et dieu est mis souuent en oubliance
Je fais aux bons le chemin et passaige
Pour les garder iusques au lieu de ioye
Les conduisant dzoit a leur heritage
Ainsin que font pelerin la montioye
Mais au mauuais ie despeche la voye
Par ou il veult en eternel supplice
Faisans donques lexploit de mon office
Maine chascun au lieu de sa deserte
Soit de vertu on soit de malefice
Ilz ont par moy ou le gaint ou la perte
Tout homme est ne pour mourir
vne foys
Vela le metz de la fin de ses iours
Mais plusiurs sôt q cuydêt toutessoys
Fuyz mes main par variables tours
Et son les gés paisant viure tousiours
Acquierent bien z font grans edifice
Veullent regner z auoir grans offices
Mais quât ie vient acoup les desherite
Et nont en fin de tous leurs artifices
Rien perdurable excepte le merite
Ainsi donqs mes menestrier si gens
Par leur beau ieu z attirant maniere
Finablement font venir toutes gens
Ceans danser a la dense derniere
Et ie metz tout en recluse taisniere
Faisant payer le tribut naturel
Qui est aillis sur tout homme moztel
Pour le reduire en la fin cozruptible
Car puis quil est submis en ieu tel
il fault quil ait en fin vng cop terrible
Dâsez doncqs viuant aux instrumens
Et aduisez comme vous le ferez
Apzes danser viendzes au iugement
Auquel estroit examine serez
Et la tout pzest le iuge trouuerez
Qui de voz faitz vous rendra le salaire
Qui bie saura danser pour luy cóplaire
Aura vng pzis riche z inestimable

Le meschant aura pour satiffaire
Feu eternel puant abhominable

Balade.

Puis q ainsin est q la mozt soit certaine
Plus q aultre rié terrible z douloureuse
Et que chose ne peult estre incertaine
Puis q en lheure hozrible z angoisseuse
Et soit si briefue z par tant perilleuse
Las noble vie en ceste valee miserable
Il mest aduis pour le plus conuenable
Que nous deuons du tout entierement
Mettre soubz pied ce móde deceuable
Pour bien mourir z viure longuement
Delaisser doit toute ioye mondaine
Et mener vie humble z religieuse
Qui montrer veult a la tressouueraine
Cite des cieulx qui tant est glozieuse
La contempler doit tousiours lame heu-
reuse
Qui ayme dieu z hait euure de diable
Suiure les bós estre a tout charitable
Soy confesser souuent deuotement
Faire aulmone qui tant est pzoffitable
Pour bien mourir z viure longuement
Trop sabuse homme qui demaine
Ozgueil en luy z vie ambicieuse
Quât il scet bié q la mozt tout emmene
q bié souuent soubdaine z merueilleuse
Mais doit penser a la passion piteuse
Du redempteur z a la peine doubtable
Denfer/sans fin qui est inenarrable
Le iour hastif du diuin iugement
Et ses pechez comme saige z notable
Pour bien mourir z viure longuement
Moztelle femme z ame raisonnable
Se apzes ne veulx mozt estre dánable
Tu dois le iour vne foys seullement
Penser du moins la fin abhominable
Pour bien mourir z viure longuemeut

h

¶ Le premier mort.

¶ Se mon regard ne vous viét a plaisir
Par sa hydeur qui est espouantable
Prenez en gre congn oissans le desir
Parquoy pretés q̃ vous soit proufsita ble
Il ny a point de moyen plus tirable
Les cueurs a bienq̃ ie foy le congnoistre
Cõgnoissez par moy q̃ vous fault estre
Et preparez a mort vostre inuentoire
Les fulz dadam tous mourir est notoire
Las toy mondain contéple ta maniere
Vng tépt fuz bif q̃ iauoye beau bisaige
Pour yeulx riés las iay trou de tariere
Cõduitz a vers pour faire leur passaige
Le demp daultruy si te rende donc saige
Car côme moy tu deuiendras en peuldre
Tout picote côe est vng deel a coudre
Dung tas de vers desqlz sera repas
Tous les humains fault passer ce pas

¶ Le second mort.

Le téps durant que iestoye en ce môde

Honnore fuz par ma haulte puissance
Mais mal garde ma conscience monde
Dont iay remord q̃ me point a oultrance
Quesse dhôneur / quesse aussi de iactâce
Que les fagotz pour enfer allecher
Vain est se fol qui fait bas trebuche
Car nest seurete sen bas ne prent gesine
Qui trop hault monte il ayme sa ruyne
Larmes espans de forcennee rage
De la douleur qui me tient excessiue
quât pour mes maulx feu ay p oultrage
Se iay seme il fault que ie messiue
Las que fera ma poure ame chetiue
Pour se purgier des pechez quay cômis
Gaigner ne puis se nest par mes amys
Car suis vng ver q̃ ne puis riés q̃ paille
Qui fait peche il en payera la taille.

¶ Le tiers mort.

¶ Dieu crea tout ✝ benist de sa dextre
Fors q̃ peche / q̃ peult donc peche estre
Quesse de luy / de quoy prent il engence

Peche nest riens foꝛs querence de bien
Sil est ainsin parquoy requiert penanse
Francz fusme faitz vng chꝛm sur le sien
Quắt dieu noꝝ fil garniꝝ de frắt arbitre
Mais mal esleuꝝ q̃ pꝛins le feu pour miẽ
Dieu delaissant pour sentir son chapitre
Ainsin enfer sur nulluy na dꝛoicture
Que par ses maulx ou par ses actions
Qui plus y met pl⁹ y pꝛẽt grắt boiture
Nul nest blesse que de ses passions
Du iusticier ne des coꝛrection
Nest a querir / car il est dꝛoicturier
Bien est heureux qui va le dꝛoit sentier
Car tel aura son iuge a pꝛotecteur
Combien quil soit pacient rediteur
Las sil estoit queusse espace donnee
Le tẽps dung iour pouꝛ faire penitence
Quel dueil / q̃lꝝ pleurs helas q̃lle menee
Feroit mõ coꝛps pouꝛ a oꝛner conscience
Oꝛ nest appel apꝛes ceste sentence
Ou me pꝛens en espoir dauoir mieulx

Jeune nebieulx ie ne peu quắt fuꝝ bieulx
Du repentir lheure si est faillie
Ja fol ne croit tant quil voit sa folye
Il appert donc p bien biue raison
Que fol espoir de biure longuement
Me fist iadis quant iestoye en choison
De mon salut / ou de mon damnement
A pied leue fuꝝ surpꝛins chauldement
Et sans arꝛest de moꝛt fut la sasline
Mais biẽ fait dieu q̃l heuꝛe ne termine
Car qui ne craint en grắt peril se boute
quắt loeil ouuert en ses faiꝝ neboit goute
Depuis q̃ moꝛt dessus tous a dꝛoicture
Effoꝛces vous dauoir les meurs leslite
Gaigne les clenlx deuant la pouriture
Appꝛesteꝝ vous contre la moꝛt despite
Voyeꝝ aussi ceulx qui en voye petite
Celebꝛemẽt ont leuꝛs delitz passeꝝ
Jeunes ⁊ bieulx sont ensemble entasseꝝ
Et pꝛie ceulx qui verꝛont ceste histoꝛe
Les trespasseꝝ quilꝝ oyent en memoire

h ii

Vne grant vision
en brief escripte
Jadis fut reuelee
a philibert lhermite
Homme de saincte vie
et de si grant merite
Quoncques par luy ne fut
faulce parolle dicte.
¶Il estoit grant au siecle
de grant estraction
Mais pour fuyr le monde
et sa deception
Aluy fut reuelee ladicte visiõ
Tantost deuint hermite
en grant deuotion
¶Par nuyt quãt le corps dort

et lame souuent veille
Aduint a ce preudhomme
vne moult grant merueille
Car il veit vng corps mort
murmurant a son oreille
Et lame dault repart
qui du corps sesmerueille.
¶Lame se plaint du corps
et de ses grans oultrages.
Le corps respond a lame,
tu as fait les dommages
Or alleguerent raison
et puis apres vsaiges
Tout ce retient lhermite
Comme preudhome et saige.

¶Comme lame parle au corps.

He dolent corps dit lame
questu ia deuenu
Deuant hyer estoys
pour saige homme tenu
Deuant toy senclinoyent
le grant et le menu
Or es soubdainement
a grant honte venu

¶Le monde te portoit
reuerence et honneur
Les grans et les petis
te reclamoyent seigneur
Il ny auoit si hault
qui neust de toy grant peur
Or as du tout perdu
ta gloire et ta valeur

¶Ou sont tes grãs maisõs
et tes grans edifices
¶Ton palais ⁊ tes tours
paintes de couleurs riches
Ou sont tes escuyers
mis en diuers offices
¶Ton sens ⁊ ta memoire
bien es musards ⁊ nyces
¶Bien est le dez change
et la chance tournee
En lieu de grant palais
et de chambre paree
Dedãs terre sept piedz
est ta chair enserree
Et ia par tes meffaitz
en enfer suis dampnee
¶Helas dieu mauoit faictz
si noble creature
De moult noble matiere
de moult noble figure
Et apres par baptesme
mauoit fait nette ⁊ pure
Mais ie suis en peche
par toy ⁊ ton ordure
¶Par toy dolente chair
suis de dieu reprouuee
Ie puis bien dire helas
pourquoy fus ie oncques nee
Mieulx me vaulsist assez
que fusse annichilee
Ou du ventre ma mere
au sepulchre portee
¶Tant que tu as vescu
en ceste mortelle vie
De toy bien ne me vint
ne de ta compaignie
A peche mas attrait
et a faire folie
Dont nous serons en pitie
qui ne nous fauldra mye.
¶Nostre peine surmonte
le mal ⁊ le martyre

Mais quant dure tousiours
la peine en est tant pire
Que cueur qui soit humain
en scet penser ne dire
Sans confor ne remede
toute heure ie soupire.
¶Ou sont tes litz de plume
tes nobles couuertures
Et tes draps descarlate
de diuerse couleurs
Les espices confites
de diuerses saueurs
Et les taces dargent
pour seruir les seigneurs
¶Ou sont tes espreuiers
et tes nobles oyseaulx
Tes chiens et tes leuriers
courans en ses boys haultz
Ou est la sauuagine
ou sont tes grans morceaulx
Ta chair si nest pas digne
de menger aux pourceaulx
¶Le fait de ta maison
enuers toy moult sapproche
Quant tu es a la bonte
tu es comme vne roche
Tu nas membre sur toy
qui naist aulcun reprouche
Os / chair / ⁊ cuyr pourtist
ny a dent qui ne loche
¶Tu as par grant peche
moult de biens amasse
Par force de barat
ton serment as faulce
Par peine ⁊ par labeur
tu as ton corps laisse
Mais en vne seule heure
tout sen est ia passe.
¶Tu neuz oncques parens
ne amy en ta vie
Qui neust honte de toy
et de ta compaignie

h.iii

Tes seruans/ta maignie
Ne donneroit pour toy
vne pomme pourrie
Ilz se passent de toy
moult bien legerement
Car il ont maintenant
en leur commandement
Ton oz et ton argent
et ton grant tenement
Et nas du demeurant
fozs que ton damnement
(De toute ta richesse
de toute ta cheuance
Quas au monde laissee
en moult grant habõdance
Ne donneront pouz toy
ne pour ta daliurance
Dõc vng poure hõme peust
pzendze vng iour sa sustãce
(Oz peult doulante chair
sentir et espzouuer
Pourquoy on doit le monde
fouyz et repzouuer
Car nul ne peult en luy
que faulcete trouuer
Et ce ne peult on mieulx
que par la mozt pzouuer
Tu nas besoing douurier
qui riche robe taille
Tu as de la liurce

de poure garsonnaille
Tu ne seras iamais
a poure homme la taille
Iamais nauras cheual
pour entrer en bataille
(Tu nas pas maintenant
la piene z le tourment
Que ie souffre pour toy
et sans lalegement
Mais tu lauras apzes
le iour du iugement
Quant tu viendzas en bie
se lescripture ne ment.
(Regarde bien ta vie
et puis ta mozt remire
Tu as este tyzant
qui tousiours pzent z tyze
Oz te tyze le ver
qui te rompt et deffire
Amon parler metz fin
car plus nescay que dire
(Lactur.
Quãt le cozps voit q lame
si foz le demaine
Les dentz estrant mon fozt
et la teste moult meine
Lozs gemist fozt et pleure
et met toute sa pcine
Comment respire puisse
et rendze salaine.

(Cy parle le cozps a lame

Quant eut leue la teste
et sa bigueur repzise
Il dist a lesperit
iay mal mis mõ seruice

Pzing as plet contre moy
mais quant ic bien aduise
Il ne sinera pas
du tout a sa deuise.
Il nest pas de merueille

se la chair se meffait
Legierement encline
legierement deffait
En ce qui est en elle
ny a riens de parfaint
Ce que raison ordonne
et que raison fait
¶Dune part lennemy
daultre le monde rue
Pource la pouure chair
ne peult auoir tenue
Que ne soit par delit
de legier abatue
Ou par confentement
desconfite & perdue
Mais ainsin que tu dis
dieu ta faicte & cree
De sains & de raison
noblement a ornee
Tu es du tout ma dame
a toy suis donnee
Ta chambriere suis
et par toy gouuernee.
¶Puis doncques que dieu ta
donne sur moy puissance
Et ta donne raison
et clere congnoissance
Tu dusses bien estre
de telle pouruéance
Que peche neusse fait
par ma grant ignorance
¶Pource tout saige homme
doit scauoir et entendre
Lame doit on blasmer
qui ne se veult defendre
Que lon ne doit la chair
ne blasmer ne rependre
Le corps laisse remplir
et les gras morceaulx prendre
¶Lesperit du tout doit
la chair bien gouuerner
Ne tam/ne froit/ne soif

ne luy fait endurer
Les delices du monde
la font desmusurer
Aultrement sans peche
ne peult la chair durer.
¶Lame doncques si a
la chair en sa commande
A la chair conuient faire
ce que lame commande
Si tiens a grant folie
contre moy la demande
Se nous faisons folie
ne scay quelle demande.
¶Tu as du bien & du mal
parfaicte congnoissance
Se iay fait bien ou mal
cest tout par ta licence
Car bien scaz que sans toy
ie nay nulle puissance
Doncques tu doys porter
du tout la penitence
¶De toy vient le peche
de toy vient la folie
Ie ne puis plus parler
ne te desplaise mye
Car ie sens en tout moy
si tresmale maniere
Qui me mort & ne me ronge
or ten va ie te prie.
¶Cy respod lame ou corps.
Lors dist lame a la chair
encort nest pas a point
De laisser la querelle
et le plait a tel point
Carta parolle amere
ou de doulceur na point
La coulpe met sur moy
et durement me point.
¶Chair pouure & doulente
plaine diniquite
Ta maluaistier ma fait
pendre ma dignite

en tesparolles na aucuneberite
Mais tout le demeurant
est plain de vanite.
¶Verite est que lame
doit le corps adresser
Mais la chair ne se veult
par lame corriger
Se lame le reprent
ne fait que rechiner
Riens le corps ne veult faire
que boire ⁊ menger
¶Quant le corps doit ieuner
lors a mal en la teste
Sil ne boit au matin
cest vne grant tempeste
Vng peu de penitence
luy fait si grant moleste
Quon ne peult de luy traire
ioye ne ris ne feste
¶Iedeusse bien auoir
par droit la seigneurie
Mais tu la mas ostee
par ta forcennerie
Tes delites charnelz
ta doulente folie
Au parfond puis denfer
nous font abergerie
¶Bien scay que iay failly
que ne tay retrenee
Mais par ta flaterie
iay este baratee
Par les delictz mondains
apres toy mas menee
Contre toy endoit estre

la sentence donnee.
Tu es tousiours allee
le chemin et la boys
Tes delitz corporelz
que ie te deffendoye
De lennemy denfer
qui tousiours nous guerroye
Pource perdu auons
de paradis la ioye
¶Le nom de barateur
doit bien le monde auoir
Car adonc quant il veult
les pecheurs decepuoir
Plus leur donne de bien
richesses ⁊ auoir
Puis leur fait par la mort
leur pouurete scauoir.
¶Le monde deuent hyer
te monstroit beau visage
Richesses te donnoit
beaulte et grant lignage
Et si te promettoit
de biure par grant eage
Il ta du tout failly
perdu en as lusaige.
¶La face ta este
souuentesfoys myree
Tes mains/tes piedz/tes bras
souuent mis en buee
Bien puis dire que fuz
de trop malle heure nee
Quant par tes grans delices
maintenant suis damnee.
¶Lacteur
¶Quãt le corps voit que lame

si fozmeut se repzent
a crier et a bzaire
et a plourer se pzent
Joye nest plus en luy
tristesse le compzent
Plus apzes par parolles
simplement se repzeut.

¶Cy respond le cozps
a lame/ z dit.
¶Helas quant me souloye
haultement maintenir
Mes grans possessions
et mes terres tenir
Lozs oncques de la mozt
ne me peult souuenir
Ne iames ne cuidasse
a tel honte venir.
Je boy la mozt venir
qui si fozment mattappe
Commandement de roy
riens ny vault ne de pape
Ny vault oz ny argent
manteau fourre ne chape
La mozt fait tous et toutes
arreste en sa trappe.
¶Ame tu es dampnee
apzes te le seray
Tu souffres maintenant
apzes ie souffreray
Mais assez doys souffrir
plus que ie ne seray
Et par moult de rayson
que ie te monstreray
¶Quat la saincte escripture
nous dit et nous racompte
Que tant que dieu plus fait
et plushault lhomme monte
Tant plus estritement
luy requerra le compte
Et sil fault a compter
tant plus sera honte

¶Dieu ta donne raison
sens /et entendement
fozce pour faire tout
le sien commandement
Voulente pour fouyz
le mauluais monuement
Tu en rendzas le compte
au iour du iugement
¶De tes nobles puissances
as follement vse
Con temps as despendu
et tras trop muse
Pource es deuant dieu
lurement accuse
Et dieu par ta rayson
paradis refuse
¶Mais de ce quon peult
ceste poure pudziere
Que la vermine assault
pax deuant et derriere
Dieu ne mauoit donne
puissance ne maniere
Du ie peusse sans toy
aller auant ne dezriere
¶La chair ne peult sas lame
ne venir ny aller
Montre en paradis
en enfezt desuallez
Sans luy ne peult ouyz
ne sentir ne pazler
Ne les nudz reuestir
ne le pouure hosteller
¶Mais se lame vouloit
ouurez en bonne guise
Aymer nostre seigneuz
et faire son seruice
Elle menoit du tout
la chair a sa deuise
Et tu ne las pas fait
pource ie suis mal mise
¶De sa saincte escripture
tres bien il me souuient

i

Qui dit que au dezriers
reueler me conuient
Helas dure sera
la tournee qui conuient
Quant peine corporelle
perpetuelle deuieut
¶ Lame respond au corps
¶ Adonc cest lame mise
en grant affection
He pourquoy suis ie faicte
de tel condition
Que ie biuray tousiours
sans termination
Puis que suis obligee
a telle damnation
¶ Ie tiens la beste mue
moult fort bien heuree
Car quant le corps default
lame est finee
Pource me baulsist mieulx
que fusse anichilee
Ou du ventre ma mere
au sepulcre portee
¶ Le corps demande a lame
¶ Respondz moy dist la chair
a ce que te demande
Ceulx qui sont en enfert
en si grant penitence
Comme tu vas disant
ont ilz point desperance
De leur allegement
ne de leur deliurance
¶ Les nobles les gentilz
qui sont de hault paraige
Les riches qui ont or
largent a oultrage
Sur les aultres dampnez
ont ilz point dauantaige
Pour or ne pour argent
pour sang ne pour lignaige.
¶ Cy respõd lame au corps
¶ La demande dist lame

est trop peu raisonnable
Tous ceulx qui sont dampnez
ont peine perdurable
Et selon la science
de dieu ferme & estable
Que force ne pouoir
ne peult faire muable
¶ Se tous religieux
prescheurs & cordeliers
Chantoyent tousiours messes
et lisoyent psaultiers
Et le monde donnast
pour dieu tous ses deniers
Ne tireroyent vne ame
de cent mille milliers.
¶ Le dyable est tousiours
en sa forcennerie
De tourmenter les ames
tousiours luy prent enuye
Donne luy / prie luy
ton corps luy sacrifie
Ia pource nen auras
vng grain de courtoisie.
¶ Et des peines des riches
te diray la maniere
Sans grace / sans espoir
leur peine est toute entiere
Et de tant comme ilz furent
plusgrant ça en arriere
De tant souffrent ilz plus
pourete & misere

¶ Lacteur.

¶ Lors quant lame mettoit
a parler toute sa cure
Deux dyables sont venus
en leur laide figure
Tant horribles visaiges
tant grant contrefaicture
Quon ne pouroit trouuer
en liure nen paincture
¶ Griffes de fer agus
en leur mains ilz tenoyent

Feu gresgoys tout puant
par leurs guelles gettoyent
Serpens enuenimez
de leurs corps en psioyent
A ballins embrasez
leurs yeulx semblans estoyent
¶ Dont chascun de ses deux
getta sa trape torte
La pouure ame c hergerent
comme vne beste morte
Quant la tresdouloureuse
entra denfer la porte
Durement se complaint
forment se desconforte.

  ¶Lame.

¶Entreles mains des dyables
a haulte voix sescrie
Secoure moy Jesus
tresdoulx filz de marie
Ne considerez pas
maintenant ma folie
Ayez mercy de moy
par ta grant courtoysie

  ¶Les dyables

Quant ses deux ennemys
ont semot entendu
Criant/dame musarde
trop auez attendu
Tout le temps de ta vie
tu las mal despendu
Donnee a la sentence
et le loyer rendu
Dozesmauant ny bault
riens plus crier ne braire
¶Car plus ne trouuerez
Jesuchrist debonnaire
Maintenant te conuient
en vng tel lieu retraire
Ou iamais ne verras
ne solcil ne lumiere.

  ¶Lacteur.

¶A ses dures parolles
le preudhomme feueille
Si fut espouante
ne fut pas de merueille
A tel vie mener
du tout il sappareille
Dont de tous ses pechez
dieu absouldre le bueille
¶Tantost se ioing a dieu
et tous honneurs desprise
Et de tous biens mondain
perdit la couuoitise
Aux mains de Jesuchrist
et a sa commandise
Son corps et son ame
pour faire son seruice.
¶Tout le monde dit il
est plain de tricherie
Car il tient en despit
la bonne et saincte vie
Vertu est dit il vice
et sagesse folie
Doncques est fol lhomme
qui au monde se fie.

  ¶Lacteur.

¶Cil qui veult estre au monde
pour saiges homme tenu
Face qui ait deniers
argent et or moulu
Mais de celuy souuiengne
que quant sera venu
Au dernier de son compte
le gaing sera menu.
¶Les vertus de tous trayent
a la diuinite
Comme/foy/esperance/
et dame charite
On les tient auiourdhuy
pour vne vanite
Barat et tricherie
sont en auctorite

¶On ne croit au iourdhuy
es amy dieu sans gaige
On ne prise vne pomme
le diuine paraige
Ia ne seras tu
pour vaillant ne pour saige
Se tu ne scez honneurs
ou se tu nas grant lignaige
¶Tu seras repute
vaillent et honorable
Se tu aymes flateurs
et tu tiens bonne table
Salomon ne dit oncques
prouerbe si veritable
Qui sacordast aux tiens
soit mensonge ou fable
¶Langue ne pourroit dire
ne penser corps humains
Le monde de tes freres
de tes cousins germains
Mais quant ne verront plus
des biens entre les mains
Ne te seront amys
ne cousins ne prouchains.
¶Ou delices mondains
qui nauez la pensee
Peu vous deuroit priser
raison en lumiere
Car estoupes au feu
sont de plus grant duree
Que la scaueur de vous
qui tant est desiree
¶Qui pourroit par deniers
achepter en sa vie
Sans vieillesse ieunesse
et satache lignie
Sante de corps tout temps
sans nulle maladie
Des delices acquerre
deuroit auoir enuye
¶De telle marchandise
ne sentremet la mort

Car pour or que tu ayez
nauras a elle accord
Riens ne te vault ieunesse
remede ne confort
A la fin te conuient
arriuer a son port
¶En ce port trouueras
dolente establerie
Toutes les branches sont
de matiere pourrie
Ia ny trouueray homme
qui soit ioyeulx ne rie
Cil qui vient a tel port
toute sa ioye oublye
¶Faucete maintenant
est souuent coulouree
Innocence est souuent
a grant tort condempnee
Mais adoncques chascun
recepura sa liuree
Quant selon son merite
sera sentence donnee
¶Pource prie a celluy
qui si iustement liure
Que les biens et les maulx
a escriptz en son liure
Quil me doint en ce monde
si maintenir & viure
Que mame a la mort
soit de tous maulx deliure.

Amen.

¶Cy finist le debat du corps
& de lame vtile & prouffita=
ble a tous bons chrestiens.

Mo⁹ pecheurs q̄ fort regardez
Cy de moy lhorrible figurez
De mal faire bie͂ vo⁹ gardez
Ce monde cy bien peu dure
Aduise chascune͂ quel cure
Pour les maulx que iay fait suis mis
Es daibles suis dannee en cure
Et en enfer est mon logis
¶ Las le monde mauoit promis
Que ie viure longuement
Las voyez ie suis cy mis
A iamais sens diffinement
Et conbien qne ieusse souuent
Eu voulante de mamender
Pour la mort qui ma prins courant
Je ny ay peu remedier.
¶ Donct braire me fault ⁊ crier
Pour le grief mal et le tourment
Quil me conuient cy endurer

A iames perdurablement
Chascun apperçoit vrayment
Que de la mort puis supplante
Viure cuy doye longuement
Et ne enfer cy ma plante
Pource chascun entalente
Soit de bien viure en ce monde
Affin que par son orphante
En la mort dieu ne le confonde
Vraye est que quant iestoye au monde
En mal mettoye toute ma cure
Pource que du bien ne tiens cno te
Le mal mest tourner absure
¶ Donc raison est puis que neuz cure
Fors seullement dobtemperer
A la charogne que larsure
Denfer me bienne consumer
A ma charogne consoler
Las pourquoy oncques me consenty

Cest raison de le comparer
Trop tard ie men suis repenty
¶Trop tard a grant dueil ie le dy
Pourquoy ie ne voy tout ne voye
Que iamais ie puisse dicy
Assir/ne auoir nul iour de ioye
Or et argent en ce monde auoye
Dont ie fuz fol et glorieulx
Car desordonnement laymoye
Cest plus que dieu ne que les cieulx
¶Larron/glouton/luxurieulx
Plus que nul aultre en mon viuant
Ay ie este et en tous lieulx
Or regarde quel garnement
Felon & furieulx souuent
Say este toute ma vie
Rauisseur et fort murmurant
Orguilleux & tout plain denuye
¶Helas ma tresmauldite vie
Que ie racompte en verite
Mon barat & ma tricherie
Mont de tous biens desherite
Car nul nest que liniquite
Peust penser ne le grief torment
Que souffrir me font sans pitie
Les diables qui me detienent.
¶Or puis ie crier en brayant
Las pourquoy fuz oncque ne
Trop mieulx me vaulsist maitenat
Que ie fusse mort auorte
Puis que ainsi est que habandonne
Je suis es mains de lennemy
Et que iay este condemne
A iamais estre auec luy
¶Pource ie prie & supplye
Chascun de penitence faire
De ses pechez affin que icy
Ne soyez mys dedans ce repaire
Penser donc chascun a bien faire
Je vous en prie sur toute rien
Affin que vostre aduersaire
Ne vous empoine en son elyn

¶Nattendez pas dhuy a demain
La mort mercy ne vous fera
Car celluy est ennuit tout sain
Qui demain vif pas ne sera
¶Grant peur doit auoir lhomme
Qui sa vie a peche donne
Et ne tient les commandement
Car il en souffrira tormens
En enfer perdurablement
Et apres le grant iugement
Qui moult sera espouuantable
A compaignie sera du diable
Si na icy grant repentense
Et face fruict de penitence.

¶Cy finist la complainte dou
loureuse de lame damnee.

Qi a bien viure
veult entendre
A mourir luy cō
uient aprendre
Car nul blē viure ne scaura
Qui a mourir aprēs naura
Retiens cestuy enseigne
ment
Pense vne foys tant seule
ment
Ung chascun iour / que tu
mourras
Par ainsi bien viure pour
ras.
Aprēs abiure moyēnemēt
Ainsi viuras plꝰ seuremēt
Car de tant plꝰ hault mon
teras.
Plꝰ a la fin doulant seras
Fuys orgueil aussi auarice
Ayme dieu et garde iustice
De trop hault estat ne te
chaille
Car le plus hault ne vault
pas maille
Lestat du monde est va
riable
Ne cuyde nul qui soit esta
ble
Le temps se change enbien
peu dheure
Tel rit au matin qui au so
ir pleure

Tant que tu seras en puissance
Chascun te fera reuerance
Mais si fortune test contraire
Adonc verras chascun retraire.
Nul ne tiendra de toy plus côte
Et fusses filz de roy ou conte
Chascun de toy sesloignera
Et comme fol te laissera.
Fortune nest pas tousiours vne
Pource est comparee a lune

Qui croist ฀ descroist en peu dheure
En vng estat point ne demeure.
Fol est lhomme qui trop se fie
En fortune ie le taffie
Son estat est trop deceuable
Et en peu dheure variable
Mais que valent ses grans estatz
Robes / cottes de taffetas
Chaines dor / rubis / ฀ aneaulx
Dyamans / ฀ aultres ioyaulx

¶ Vo; oreilletes de belours
Vo; grans manches / aultres a tours
Et grans queues traynant p terre
En enfer vous feront grant guerre
¶ Vo; blons cheueulx pignez souuent
Vo; grans pompes & dansement
Ne vous pourrons riens prouffiter
Ne a bien faire inciter
¶ Gorriere fus lors & a trauers
Et maintenant ie suis viande a vers
Plus puante que charongne
Veoir le poue; a ma trougne
¶ Regardez tout lestat du monde
Et premier qui plus y habonde
En richesse & auctorite
Tu y trouueras vanite.
¶ Que te vault ce que tu es riche
Puis que tu es auers & chiche
De bien faire tu te retarde
Et si ne scez pour qui tu garde
¶ Fol est qui trop cuyde estre saige
Et qui baille son ame en garde
Pour assemblez trop grant auoir
Mieulx vault assez que trop auoir
¶ Le fol souuent en sa folie
Prent plaisir et se glorifie
En ce qui luy est tout contraire
Et faulte de sens leur fait faire
¶ Tu qui metz au monde ta cure
Pense au mal & peine dure
Que les pecheurs endureront
Quant en enfer trebucheront
¶ Tu voys mourir & folz & saiges
Foibles / & fors / & roys / & paiges
Tu vois que mort nespargne rien
Pense doncques de faire bien
¶ Tu ne scez quant departiras
De ce monde on tu yras
Neantmoins croy sur toute rien
Que bien auras se tu fais bien
¶ Tu trouueras certainement
Apres ta fin tant seullement

Le bien ou le mal que feras
Et selon ce iuge seras
¶ Tant que tu vis & as de quoy
Pense en ce monde de toy
Nattens pas que tes parens
A la fin te soyent garans.
¶ Or regardez & aduisez
Que pour orgueil vous deuisez
Que tel orgueil prouffitera
A celluy qui dampne sera.
¶ Regarde ta fragilite
Ainsi auras humilite
Trop grant orgueil tabaissera
Humilite te haulsera.
¶ Puis que voyons certainement
Que mourir fault finablement
Pensons doncques de si bien viure
Que denfer nous soyons deliure.
Amen.

Sensuyt la vie

du maulnais antechrist selon lapoca-
lypse / & selon les oppinions des saictz
docteurs.

O Chrestiens qui voulez la gloire
De dieu eternelle auoir
Employez cy sens & memoire
Sil vous plaist (& pourrez scauoir
Comme antechrist viendra de voir
Vers la fin de ce present monde
Pour plusieurs ames deccpuoir
Et damner en folle parfonde.
¶ En babyloine la cite
Ung paillard iuif abhominable
De luxurs lors incite
Par la tentation du diable
Congnoistra comme iuif damnable
Charnellement sa propre fille
Dont naistra le foulx miserable
Antechrist / selon leuangille
¶ Et combien que la mauldicte
Lignee de dam extraict
Si aura il pour sa conduyte
Ung bon ange / lautre imparfait
Mais par son damnable attraict
Et nature trop miserable
Aux diable fera son attraict
De laissant son ange sauluable.
¶ En deux citez nourry sera
Mauldit es / le filz de putain:
Bethsaida senommera
Lune / lautre corozaim
Tant du peuple malachitin
Comme des babyloniens
Ce tesmoigne sainct augustin
Et daultres docteurs anciens
¶ En capharnaon regnera
Des son eage de adolescence
De pour or couronne sera
Par les folz de son aliance
Puis pour monstrer sa puissance
Troys roys chrestiens tuera
Sept aultres par obeissance
Hommage prester leur fera.
¶ Lucifer fort lepaltera

Le damne plain doultre eux dance
Car mont sur mont tomber fera
Par diabolique puissance
Gotg & magotg a sa creance
Auec leur grant peuple tirera
Parquoy aura obeissance
Sur tout prince qui lors viura
¶ Par faulce predications
Beaucoup de peuple se duyra
Dor & dargent fera grant dons
Pourquoy chascun versluy yra:
Les ymages il destruyra
Du crucifix / & sainctz & sainctes
En vng moment secher fera
Arbres & fleurs par ars & faintes
¶ Fainctement puis resusciter
Fera mors / & marcher sur terre
Fouldres / tempestes incuter
Fuyr beau temps / venir tonnerre.
Et qui pis vauldra le faulx letre
Le feu sur luy fera descendre
Et sur ses apostatz grant erre
Soy voulant comme dieu comprendre
¶ Puis en hierusalem viendra
Le faulx desloyal seducteur
Ou chascun iuif ladorera
Pour messias leur createur.
Et adonc le traistre menteur
Luy mesmes se circuncira
Dor & dargent distributeur
Jamais ne fut tel quil fera.
¶ Sesdictz apostatz par le monde
Commandera aller prescher
Antechrist ou tout mal habonde
Pour les bons chrestiens empescher.
Mais il luy coutera bien chier
Car en enfer trayne sera
On verra lors diables empescher
Et combatre qui mieulx fera
¶ Ceulx qui ne bouldront croire en luy
Et comme messias adorer

Beaucoup de tourment & dennuy
Leur fera par martirifer
Aux vngz fera les yeulx tyzer
Lautre decoller / lautre pendze
Vif enterrer / crucifier
Le corps fayer / bruler en cendze.
¶ Et ce voyant dieu mandera
Deux fainctz prophetes fecourir
Tout chzeftien qui gardera
Et vouldza fa loy maintenir
Lung fainct enoch qui fouftenir
La toy aux bons aidera
Lautre helxas qui pour mourir
De dieu prefcher ne ceffera
¶ Dont le faulx traifte matin chien
Antechzift de dueil creuera
Le bourreau de hierufalem
Tantoft vers foy venir fera
Qui les prophetes tuera
En la place de la cite
Dont foz venge fe penfera
Eftre par fa crudelite
¶ Troys iours apzes fufciteront
Les benoitz fainctz de mozt a vie
Et deuant tous affifteront
Promettant la gloire infinie
A ceulc la qui ne croiront mie
En ceft abufeur mais en dieu.
Puis les anges a chaire lye
En paradis leurs donneront lieu
¶ Si vouldza lozs faire le mozt
Le trefloyal abufeur
Troys iours contrefera le mozt
Sans mouuoir ne mebzes ne cueur
Puis comme traifte abufeur
Faindza de mozt ruffufciter
Et qui dira que ceft erreur
Toft pourta fa vie quitter
¶ Pour plus fon ozgueil furmonter
Sur le mont doliuet ira
De par les dyables monter

En pozter en lair fe fera
De iefuczift contrefera
La glorieufe afcenfion
Penfez que fort ladourera
La iudahue nation.
¶ Adonc mon feigneur faict michiel
Archange prince de leglife
Le fera toft tomber du ciel
La fentence de dieu permife
Sans le toucher / mais en tel guife
Que tous les iuifz qui le veront
Lait / deffait / puant fans faintife
Trefgrant hozreur alozs auront
¶ Infuppoztable punaifie
De fa charogne partira
Du faulx antrecrift qui fa vie
Auec lucifer conduira
A toufiours pourquoy mauldira
Le tour et lheure qui fut ne
Car dung tozment en lautre ira
Sans celler le fol obftine.
Tous les dyables le viendzont querre
Pour le pozter en fepulture
Au font denfer non pas en terre
Corps & ame ceft fa droicture
Dix millions par adventure
De fes iuifz la compaigneront
Dedans le feu qui toufiours dure
Dont iamais ne retourneront
¶ Apres noftre createur
Redempteur
Quant de fon bon plaifir fera
Les .xb. fignes dont grant paour
Auront bluans / lozs mandera
Que tout ce monde finer deuza
Et puis fera
Tous corps humains refufciter
Maintz anges de dieu fonnexa
Et dixa
¶ Leuez mozs venez affifter
A voftre dernier iugement

Droictement
Nostre sentence escouter
Que nostre saulueur proprement
Donnera sans nul mesconter
¶ Pensez que lors fort redoubter
Et doubter
Deura bien le poure pecheur
Voyant anges & sainctz trembler
Par sembler
Le iuste transira de paour.
¶ Pource chascun sa poure vie
Qui desuie
Vueille le mal en bien tourner
Affin que la vierge Marie
Prie son filz qui pardonner
Nous vueille.
¶ Et puis nous donner
Sans finer
Par sa begnoiste passion
Paradis ou puissons mener
Demener
En luy nostre exultation.

¶ Cy finist la vie de lantechrist.

¶ Sensuyuent les quinze signes.
Au temps que dieu iuger vouldra
Comme tesmoigne lescripture
Quinze signes demonstrera
A toute humaine creature
Premier la mer oultre mesure
Sesliuera sur tous les mons
Comme vng mur hault & en droicture
Se tiendra comme nous lisons
¶ Apres le signe second
La mer se lerra trebucher
En abisme si tresparfond
Comme celle se voulsist mucer
Et pour vous le vray reciter
Devant la terre entrera
Si fort se vouldra destourner
Qua peine veoir on la pourra
¶ Le tiers sera dur & amer
Car balaine et grans poissons
Se apperront dessus la mer
Gettant crys & horribles sons
Dieu qui scet les secretz parfonds
Si les entendra seullement
Bien doubter doncques nous deuons
De dieu le destroit iugement.
¶ Le quart signe moult perilleux
Et de guise estraigne sera
Car par feu grant & merueilleux
La mer & toute eaue ardra
La flamme tout deuorera
Et mettra tous poissons a mort
Vng tout seul nen eschappera
Qui ce iour ne craint il a tort.
¶ Du quint signe mesmeruille
Arbres / & herbes sueront
Gouttes & rosee vermeille
Comme sang / puis se assembleront
Tous oyseaulx lesquelz se tiendront
Sans iamais plus boire ne mengier
Car lyre de dieu doubteront
Pecheurs seront en grant dangier

Le sixte sera d'estrange guise
Et remply d'horrible terreur
Arbres/chateaulx/maisons/eglise
Trebucheront tous en vng iour
Adonc du firmament maieur
Cherra tempeste/fouldre & orage
Glorieuse vierge d'honneur
Que sera lors lhumain lignage
¶ Le septiesme est de tel nature
Que lors dessoubz le firmament
N'y aura pierre tant soit dure
Qui ne fonde promptement
Puis heurteront tant fierement
Et si grant guerre se feront
Que horrible esbahissement
Sera a ceulx qui le verront
¶ Au signe huptiesme pour voir
Tant fort la terre tremblera
Que riens viuant naura pouoir
D'estre sur piedz/mais conuiendra
Tout homme & beste qui sera
Lors du hault au bas trebucher
Adonc vng chascun cherchera
Lieu pour en terre soy musser
¶ Au neufuiesme se esleueront
Les ventz en si grant quantite
Que les mons & vaulx tomberont
Mettant tout a egalite
Et pour vous dire verite
La terre sera toute vnie
Des mons la superfluite
Sera en pouldre conuertie
¶ Au dixiesme ysleront les gens mors
Qui sestoyent mures en terre
Et seront de leurs sens dehors
Sans parler ne rien enquerre
Esbahys seront pour la guerre
Qui brief mettra tout a declin
Bon fait mettre peine d'acquerre
La gloire qui dure sans fin
¶ L'onziesme iour les os des gens

Qui du siecle sont trespassez
Seront tous sur les monumens
Qui seront ouuers & cassez
Illec seront tous amassez
Sans ce quilz puissent resusciter
Pour leurs biens & maulx passez
Deuant le grant iuge compter
¶ Le douziesme iour les planettes
Et les estoilles au ciel posees
Cherront/& apperront comettes
Merueilleusement enflambees
Toutes bestes lors assemblees
Seront sans mengier & sans boire
Telz cris feront & telz huees
Que de semblable nest memoire
¶ Le treziesme est a doubter
Car tous ceulx qui seront viuans
Mourront ce iour sans respiter
Hommes/femmes/& enfens
Affin que tous petis & grans
Resuscitent generablement
Et que tous soyent comparans
Deuant dieu au grant iugement
¶ Le quatorziesme iour merueilleux
Et dur par dessus tous sera
Car a ce iour tresperilleux
Le ciel & la terre ardra
Feu & flamme consumiera
Tous elemens & bas & hault
Toute chose redoubtera
La sentence de dieu qui ne fault
¶ Le.xv.iour tout pour vray
Terre & ciel renouuelleront
Puis incontinant sans delas
Tous humains resusciteront
De toutes pars sasembleront
Pour venir ouyr leur sentence
Du iuge que tant doubteront
Pas ne doit rire qui y pense.

¶ Cy finissent les.xv.signes

C Le iugement.

Vo9 q voyez icelle pourtraicture
Arrestez vo9 pesent pfondemet
Que dieu le filz q prit nre nature
Viendra tenir lexterme iugement
Arrestez vous considerant comment
Trouuer si fault ou net ou plai dordure
Pensez es motz / viuez t onnestement
Et ne perdez le temps qui si peu dure
C Jcy voyez la vierge tresbenigne
Tosmes vertz tendans a dieu les mais
Tout prest douyr la sentence diuine
Qui se doit brief doner sur les humains
La serot to9 anges / & sainctes & sainctz
La court celeste illec assemblera
Que ferez vo9 poures pecheurs modais
Quant le plus iuste a ce iour tremblera
Qui esse las qui endurer pourra
L pre de dieu a tous pecheurs patente
Chascu craindra quat les tropetes orra
Disant aux mors / leuez vo9 sans attete
Resuscitez a ceste heure presente
Laissez tombeau / sepulchre & maison

Car deuant dieu fault quon se presente
Pour ouyr droit & entedre a tous raison
C Est il humain tant fier ou courageux
Est il docteur tant remply de science
Est il viuant homme si oultrageux
Qui naist a lors paour de sa conscience
Le iuge est prest de getter la sentence
Les serges prestz pour tost lexecuter
Que feras tu pecheur plain dimprudece
Oseras tu se dur mot escouter.
C Que te vauldront richesses possessios
Ou grant tresor dont procede tout mal
Que vauldrot cy tous les recordations
Dauoir este ou pape ou cardinal
Empereur / roy / duc / conte / ou admiral
Archepasteur / prelat seignouriant
Quant vng chascun pour estre principal
Vouldront auoir este pur mandiant.
C Au iugement que pourra prouffiter
Estre empereur / baron / ou cheualier /
Porter harnoys / combatre ou militer
Ou presider / ou scauoir conseillier
Ou estre abbe / ou prestre seculier
Archidiacre / ou subtil orateur
Quant a ce iour le petit escolier
Sera plus surquise le plus grant docteur
C Rie ny vauldront pbendes / benefices
Officiaulx qui ont iuge des cas
Rien ny feront ceulx qui ont des offices
Preuostz / baillifz / procureurs / aduocas
Clercz ou lettrez qui mainet grans estas
Seront illec tous despourueuz de sens
Car a ce iour nul naura ses opres
Si non les bons / les purs / & innocens
C Religieulx / medecins / confesseurs
Ou mendians vagans pmy le monde
Seront alors de tourmens possesseurs
Sil nont tenu leur conscience monde
Fr ul en estat trop auant ne se fonde.
Peruertissant iustice & verite
Car tost acquiert damnation parfonde
Qui ne maintient les reigles dequite

Ceulx q̃ doyuēt des ames conte rēdre
Fait sermons prescher ou corriger
Endoctrine / enseigne / ou apprendre
Soustenir droit / condemner ou iuge
Ne scez comment ilz se pourront purger
Silz ōt fortfait touchãt leur entreprinse
Car celluy veult son ame logier
Qui quiert estat ⁊ la charge desprise

¶Mondain oysif tu ne scez q̃ tu brasses
Quãt veult honneur ⁊ la bourse garnie
sachez de vray q̃ quãt hōneur embrasses
Auec honneur la charge y est vnie
Lambicieulx plain de contumelie
Ne scey quil fait quãt en haultesse mōte
Bon est le cueur qui vers dieu se humilie
Puis quē la fin il cōuient rendre cōpte.

¶Considerons que puis xx. ans passez
En diuers lieulx et plusieurs regions
De tous estas sont mors ⁊ trespassez
Grans ⁊ petis par cens ⁊ millions
A ce propos / dansons / chantons / rions
Menons deduit sans crainte ne remors
Sōnons tabourins / harpes psalterions
En vng momēt les pl⁹ fort seront mors

¶Et apres mort quēsse de la charongne
Fors pugnaise ⁊ pasture a vers
Si deuōs biē au cueur auoir vergoigne
Daymer richesse ou bestemens diuers
Mal se cōgnoist lambitieulx peruers
Cuydant car ius faire longue demeure
Quant la mort biēt qui le geite a reuers
Si tressubit que nul ne cōgnoist lheure

¶On voit a loeil grant abusion
Des amateurs du monde miserable
Quant pour vng peu de delectaïon
Fault endurer suplice perdurable
Prise qui veult puissance proffitable
Auoir amys seignourie ou science
Mais moy ie tiēs ce mot pour veritable
Quil nest tresor que bonne conscience

¶Dieu tout puissant de grace oīpotente
Crea iadis nostre humaine nature

De franc arbitre ⁊ de petit contente
A qui souffit sa simple nourriture
Si puis iuger folle la creature
Qui fait amas par desir indecent
De bled / de vin / dargent / ou de vesture
Plus q̃l nē fault pour ē nourrir vng cēt
¶Quãt cōscience au cueur lhōme mord
Sachez quil est en guerre soir ⁊ matin
Mais en paix vit qui biē pēse a la mort
Rememorant que nauons nul demain
Or y entens que cest estre mondain
Nous appetons plaisance corporelle
Le temps est court le plaisir est soubdaї
Et fault souffrir mort eternelle
¶Ne cuydes point q̃ lame aye finemēt
Croire ne fault tant folle opinion
Car lame vit interminablement
Pour recepuoir gloire ou pugnition
Nayez aussi telle estimation
Que tout soit vng apres le iugement
Chascun aura sa distribution
Gloire les bons les mauluais torment
¶Les bōs qui ont endure maulx forfait
Seront vengez / payez / et guerdonnez
Et ceulx qui ont en leur charge meffait
Seront iugez / pugnis ⁊ condemnez
Ceulx qui se font follement gonuernez
Ou en peche ont du tout mis leur temps
Tormens sans fin leur sont preordōnez
Silz nont este confes ⁊ repentens.
¶Bons ⁊ mauluais il fault q̃ cōparez
au iugement deuant la deite
Les bons seront des mauluais separez
Pour escouter ce quilz ont merite
Car en deux motz / Ite ⁊ benite
Prononcera sentence irrefragable
Venez les bons viure en felicite
Allez mauluais en peine intolerable
¶O le dur mot / o sentence terrible
Se diront lors les ames condemnees
Aller nous fault en feu dur ⁊ horrible
Las cent foys las pourquoy fumes nees

auons eu ioye mômentanees
auons nous ardeur sãs finement
ãy cent mille ans ⁊ autãt de iournees
Du feu denfer nest que commancemét.
Pour euiter ceste sentence dure
Fuyons peche/le monde contennons/
Faisons du bien tant que la vie dure
Soyons deuotz ⁊ vertus maintenons
De iour en iour au iugement pensons
Et a la mozt qui vient soubdainement
Honnozons dieu iamais ne lo[...]ons
Obeyssons a son commandement
Le createur veult lhôme tant aymer
Quil luy a ia noble tresoz donne
Ciel/⁊ soleil/estoilles/terre ⁊ mer
tout est pour lhôe ⁊ dieu est pour lhôe né
Serue celluy qui la fait ⁊ fozme
Merciant dieu de sa largition
Ou aultrement tout ce que iay nomme
Redondera ã [...] pugnition.
Reste en ap[...]s quil conuient mediter
A parfour[...] euures de charite
A son pro[...] bonnement proffiter
Tant de[...]ns que deremplaire
Aymer les[...]ns tenir fidelite
Cozriger ceulx qui vont chemin oblique
Fuyz barat soustenir verite
zeler le bien de la chose publique.
Me pphanôs lestat ã dieu nous dône
Et notamment en lestat de leglise
Vous nobles gens selô que dieu ozdonne
Gouuernez voz laissant mauluaise guise
Bourgoys moynes ⁊ gês de marchadise
Tenez raison viuez par ozdonnance
Fuyez ozgueil/luxure/couuoitise
Car tout sera pese a la balance.
Oysiuete a tout vice sacco[...].
Si la deuons fuyz diligemment
Et exercer pitie/misericozde
Faisant aulmosne ⁊ donnant largemét
Car de cela tiendza son iugement

Dieu tout puissant côtre les [...]
Et pugnira leur offence griefuem[...]
Remunerant les larges ⁊ piteu[...]
Des poures gens ayons com[...]
Et leur aydons a leur necessite
Reconfoztons par visitation
Les langoureux qui ont enferm[...]
Pas ne souffrit auoir affin[...]
A ses prochains/ou aymer ses a[...]
Mais fault auoir tant ferme char[...]
Quon doit aussi aymer ses ennem[...]
Pensons souuent a la celeste glo[...]
Precogitant a nostre mozt proch[...]
Le iugemét soit tousiours en mem[...]
Et noblions denfer le dur demaine
Qui bien y pense y fuit oeuure vila[...]
Comme iadis le saige lexprima
Disant a tous O creature humaine
Memorare semper nouissima.
Prions a dieu quil nous donne gr[...]
De tousiours mays en vertu prouffite
Fuyz peche/repudier falace
Faire le bien ⁊ le mal euiter
Et tellement nuyt ⁊ iour resister
A lennemy/qui nuyst couuertement
Que nous puissons seurement assiste[...]
Auec les sainctz au iour du iugement

Amen.

Cy finist la danse macabze de[s h]ôme[s]
et des femmes hystoze ⁊ augmentee d[e]
personnages et beaulx ditz en latin.
Impzime a Troyes par Nicolas le rou
ge demo[...] [...]a la grãt rue a lenseigne
Sainct [...]an leuangeliste Aupzes la bel
le croix. Mil cinq cent.xxxi.